Mamas Klassiker – Die 1000 besten Mama-Sprüche

Dieses Buch widmen wir all denjenigen Müttern, die niemals die Hoffnung aufgeben, dass auch ihre Sprösslinge eines Tages vollwertige Mitglieder unserer Gesellschaft sein werden – und dabei niemals den Humor verlieren.

Einen besonderen Dank unseren beiden Mamas für die wundervollen und lehrreichen Jahre unserer eigenen Jugend.

MAMAS KLASSIKER

DIE 1000 BESTEN MAMA-SPRÜCHE

Mamas Klassiker im Internet:
www.Mamas-Klassiker.de

Sven Häwel, Michael Böttger
E-Mail: Webmaster@Mamas-Klassiker.de
URL: www.Mamas-Klassiker.de

November 2002
Autoren: Sven Häwel, Michael Böttger
Satz und Layout: Sven Häwel, Michael Böttger
Herstellung: Books on Demand GmbH, Norderstedt
Printed in Germany
ISBN 3-8311-4622-5

VORWORT

„Solange du deine Füße unter meinen Tisch streckst, tust du gefälligst, was ich sage!"

Jeder durchschnittliche Mitteleuropäer hat diesen Satz in seinem Leben schon dutzendfach – ach was – hundertfach von seiner Mama hören dürfen.

Es ist fatal. Die Mütter dieser Welt funktionieren alle nach dem selben Strickmuster. Sie drohen mit dem gleichen, kreisend erhobenen Finger, ziehen genervt ihre linke Augenbraue hoch und geben alle ihren Kindern die selben altklugen Weisheiten mit auf ihren Lebensweg.

Unendlich köstlich, wie sich die Sprüche gleichen, die jeder von uns in seiner Kindheit von Mama zu hören bekommt – einer Kindheit, die niemals zu enden scheint – bis man heiratet. Dann hat man zwei Mütter, vorausgesetzt natürlich, man ist ein Mann.

„Iss manierlich, Ellbogen vom Tisch, zieh dir was Warmes an!".

Wer kennt sie nicht, die Speerspitzen mütterlicher Erziehung?

Mit diesem Buch ist ein einzigartiges Archiv für all diejenigen Sprüche entstanden, die wir uns von Kindesbeinen an von unserer Mama gefallen lassen dürfen.

Übersichtlich in 8 Kategorien eingeteilt, sind die besten 1000 Mama-Sprüche mit viel Liebe zu dem vorliegenden Kompendium zusammengetragen. Diese Enzyklopädie der mütterlichen Sprüche ist die ideale Zeitmaschine zurück in die eigene Kindheit, eine garantierte Stimmungsbombe für schläfrige Familienfeste oder einfach nur das perfekte Verlegenheitsgeschenk für jede Mama dieser Welt.

Nach dem Riesenerfolg im Internet mit weit über einer halben Millionen Besuchen in nur einem Jahr, erscheinen Mamas Klassiker jetzt auch in handlicher Buchform für den Rest der Welt – auf dass sich die Saat des mütterlichen Wissens unter den hilfsbedürftigen Kindern dieser Welt in Windeseile verbreite. Oder wie Mama zu sagen pflegt: „Wie sieht es denn bei dir aus? Jetzt putzt du erst mal ordentlich deine Bude, dann kannst du an diesem bekloppten Buch weiterschreiben. Haben wir uns verstanden?"

Klar, Mama, verstanden ...

TAUSEND MAL AM EIGENEN LEIB ERLEBT

Der Grundstock an Sprüchen, Anweisungen und Flüchen scheint bei jeder Mutter gleich ausgeprägt. Egal, ob wir uns in einem nordfinnischen Blockhaus befinden oder aber das rassige Temperament der spanischen Mama erleben dürfen – die Software in den Köpfen unserer Mütter scheint immer gleich programmiert zu sein. Die im folgenden niedergeschriebenen Floskeln sind daher als eine Art Grundwortschatz der mütterlichen Erziehung auf dem gesamten Kontinent etabliert. Jeder dieser Mama-Sprüche ist uns in irgendeiner Art und Weise in unserem Leben schon einmal begegnet. Zum Teil verbinden wir intensive Erlebnisse damit. In den meisten Fällen können wir herzlich lachen, weil wir uns wiedererkennen. Und oft haben wir uns bei dem ein oder anderen Spruch in unserer Kindheit heimlich geschworen: „Den werde ich nie erzählen, wenn ich mal groß bin." Und jetzt sehen wir uns Tag um Tag mit den gleichen Situationen konfrontiert wie damals, als wir noch Kinder waren – nur finden wir uns heute auf der anderen Seite des Gesprächs wieder. Und? Haben wir etwas gelernt? Nein.

Das vorliegende Buch der Mamas Klassiker stellt das wohl vollkommenste Kompendium dieser Art dar. Es ist gedacht für:

Kinder und Jugendliche

Ihr sollt erkennen, dass schon meine Generation, die Generationen davor und die gesamte Menschheit bis zurück zur Entwicklung der ersten Hochsprache mit diesen mütterlichen Speerspitzen drangsaliert wurde, um vermeintlich „vollwertige Mitglieder der Gesellschaft" aus uns zu machen. Und immer hat letztlich die Dummheit der Kinder gesiegt. Und doch, meine lieben unterdrückten Teens, prophezeie ich euch: so sehr ihr jede dieser Mama-Sprüche hasst, so sehr werdet ihr sie mit dem Ausdruck der Überlegenheit, Fürsorge, Angst oder Frustriertheit wieder an eure Kinder weitergeben. Ihr werdet euch nicht dagegen wehren können. Es ist Teil eurer Kultur, eures Ichs. Es ist Teil des Betriebssystems Mensch. Also erduldet die Mama-Sprüche und reagiert mit Verständnis für die Not eurer Eltern. Sie können nicht anders. Eltern erkennen eine Situation Mama-Kind und reagieren darauf spontan mit einem angeborenen Redereflex. Jeder von euch kennt es.

Mama droht in euer Reich zu dringen, die Hand drückt die Türklinke zu eurem Zimmer noch runter, da erschallt es durch die noch geschlossene Tür: „Du könntest auch mal wieder dein Zimmer aufräumen! Du hast doch eh gerade nichts zu tun, es sind doch Ferien". Deine Hauptschlagadern wachsen in Sekundenbruchteilen von kleinen Rinnsalen zu reissenden Flüssen, denn du hast den gesamten verdammten Vormittag damit zugebracht, deine Bude zu lecken. Es ist sauberer als in der Offizierskantine und die Ordnung in deinen Schrankfächern und Regalen erinnert an eine akribisch gepflegte Bibliothek. Aber nein, Mama muss erst mal meckern. Aussichtslos – ihr werdet Mama nicht ändern. Nehmt es mit dem milden Lächeln des weisen Buddhas und vergebt Mama großzügig. Euer Lächeln ist die stärkste Waffe.

Junge Mütter

Dies ist der Schnellkochkurs und das kleine Einmaleins für die Erziehung der Frischlinge zugleich. Ihr sollt nicht denken, dass mit der Geburt das Gros der Erziehung erledigt ist. Auch nach den ersten erfolgreichen Monaten des unfallfreien Windelwechselns und dem erfolgreichen Erzwingen der Nahrungsaufnahme bei den Kleinen ist die Erziehung immer noch in der Frühphase. Richtig spannend wird die Sache erst, wenn die geordnete Kommunikation beginnt. Dem frühkindlichen „Aitaitai", „Guggamadaaa" und „Jawoissadenn?" folgt der erste richtige Satz. Hier heißt es rechtzeitig aufrüsten und die passenden Sprüche im Köcher haben. Nichts wirkt unprofessioneller, als eine junge Mutter, die das Begrapschen der glühend heißen Herdplatte durch ihren Sprössling mit einem plötzlichen Blutabfall bis in die Waden quittiert, um danach sanft in Ohnmacht zu gleiten. Viel souveräner ist ein eher beiläufiges „Verbrenn dich nicht!", während Klein-Kevin sich dem Zerahnfeld auf allen Vieren nähert. Das hilft zwar auch nicht, aber nachdem der Bälger sich die Pfoten ordentlich verbrannt hat, kann Mama brillant den Besserwisser raushängen. Ein gespielt aufbrausendes „Hab ich dir´s nicht gleich gesagt?" gefolgt von einem fingerhebenden „Hättest du mal gehört, was Mama dir sagt, dann müsstest du jetzt nicht die Hand unter kaltes Wasser heben." enttarnt den wahren Könner der Erziehung.

Die gesamte Familie

Für den Rest unter den Lesern ist es einfach nur die wohl kompletteste Enzyklopädie der mütterlichen Erziehung. Dieses Buch gibt Antwort auf alle Fragen rund um Mamas Wortschatz. Ein verregneter Sonntag Mittag im Kreise der Lieben? Man hat sich alles gesagt, gelangweilt dampft die halbvolle Tasse Kaffee vor sich hin, als Mutter plötzlich sagt „Früher war alles besser." Statt leicht entnervt mit den Augen zu rollen nimmt sich die Jüngste – ihrerseits auch schon zweifache Mutter – das vorliegende Buch und rezitiert die Weisheiten der Mütter. Im Nu steigt die Stimmung, jedem fallen Dutzende Anekdoten aus der Jugend ein, die man mit den Sprüchen verbindet. Die Lachmuskeln werden trainiert und alle schwelgen glücklich in ihren Erinnerungen. „Weißt du noch Mama, was du früher immer zu mir gesagt hast, wenn ich nach Hause kam?" Mama zuckt unwissend mit den Schultern. „Schuhe aus, Kind. Ich hab grad frisch geputzt".

Mama – Die ewigen Klassiker

In den folgenden Kapiteln sind weit über 1000 der besten Mama-Sprüche aufbereitet worden. Sie sind in acht Kategorien eingeteilt.

Die ewigen Klassiker
Die Hausherrin
Die Genervte
Die Fürsorgliche
Die Allwissende
Die Belehrende
Die Weinerliche
Die Fragende

Die schönsten Mama-Sprüche der jeweiligen Kategorie sind mit einer begleitenden Geschichte oder amüsanten Anekdote vorgestellt. Es folgt dann die Liste der weiteren Floskeln dieser Kategorie in loser Folge.
Zu Beginn sind die Meilensteine der Mama-Sprüche aufgelistet. Wer diese Sprüche nicht kennt, muss sich ernsthaft fragen, ob er jemals eine Mutter hatte. Die Unkenntnis der Sprüche dieser Kategorie entlarvt eine ernst zu nehmende kulturelle Wissenslücke.

Das Maß ist voll

Dieser Spruch kommt ursprünglich aus dem Bayerischen. Durch die Verwässerung diverser Rechtschreibreformen ist aus dem Biervolumen eine Längenmessung geworden. Historisch gesehen ist er der Vorläufer des heute in der ganzen Welt gejodelten „Ozapft is!" der Bierzelte bzw. mikroskopisch gesehen des Dauerbrenners „Kinder, das Essen ist fertig." der heimischen Küche. Unverständlich daher, warum dieser Spruch als Drohung und nicht als Einladung zum zwangfreien Zechen in unserer Sprache gebraucht wird.

Mach mal die Augen zu, dann siehst du, was deins ist

Gerne von Mama gebraucht, wenn der Nachwuchs seine Besitzansprüche der eigenen, rapide wachsenden Körpergröße anpassen möchte. Gerade im Pubertätsalter wirkt dieser Spruch wie ein Messerstich. Meine besten Freunde haben die neuesten Klamotten und flirten wild mit den süßesten Mädels – nur ich muss die alte Jeans vom großen Bruder auftragen. Der Hinweis, dass zur Sicherung der gesellschaftlichen Klasse gewisse Status-symbole, wie zum Beispiel ballongroße Daunenjacken, unerlässlich sind, bleibt ungehört. Obiger Spruch beendet zumeist recht unvermittelt alle Expansionsstrategien der Bittenden. Der Versuch des Konterns „Ich schließe die Augen und sehe meinen Kleiderschrank randvoll mit den hippsten Amiklamotten" wird meist mit einem vernichtenden Blick und einem gezischten „Bürschchen, treib´s nicht auf die Spitze!" im Keim erstickt.

Kleine Sünden straft der liebe Gott sofort

Klar, wenn ich Schokolade aus dem Vorratsschrank entwende, bricht das Regal zusammen und die Konservenbüchsen fallen mir auf den großen Zeh. Mama saust in die Küche, wirbelt tausend wichtige Kreise mit ihrem Zeigefinger in die Luft und zieht die Augenbrauen hoch. Das Finale Gran-de ihres Auftritts ist dann der obige Spruch.

Wichtig scheint mir jedoch die Beantwortung der Frage „Wer straft denn die große Sünden?". Die Antwort ist so einfach wie erschütternd. Das Kleinzeug darf der liebe Herrgott machen, die dicken Fische gehören Ma-ma. Denn die steht in der Hierarchie noch eins weiter drüber, oder?

Wenn du nicht aufisst, scheint morgen die Sonne nicht

Als Baby bekommt man den Brei mit Plastiklöffeln in die Kehle gepresst, bis man platzt. Dieser scheinbar so belanglose Satz stellt die Fortführung dieses Nahrungsmassakers an Kindern während ihres Heranwachsens dar. Tatsächlich hängt also das Weltwetter von dem Verzehr dieses völlig verbrannten Pfannkuchens ab? Lange Jahre glaubte ich das, wie ich dem Weihnachtsmann huldigte. Mit zweiundzwanzig Jahren jedoch stellte sich ein gewisser Zweifel bei mir ein. Also platzierte ich eine Woche lang einen Teller mit Resten aus Rotkohl, Schweinebraten und Kartoffelbrei auf dem Fenstersims meines Zimmers. Das Wetter war ausnehmend schön. Es wurde ein Traumsommer. Nach monatelanger Auswertung entschied ich mich zur Gegenprobe. Eine Woche lang stellte ich einen fein säuberlich leer gegessenen Teller an exakt die gleiche Position. Und eine Woche lang prasselte der Novemberregen an das Fenster. Mama hat wohl doch nicht immer Recht.

Dir kann man im Gehen die Schuhe besohlen

Bei genauem Betracht der Jugendmode des beginnenden 21. Jahrhunderts gewinnt dieser Klassiker unverhofft wieder an Aktualität. Schlurfen die Mädchen mit ihren immensen Plateauschuhen an mir vorbei, kann ich mich nie des Verdachts erwehren, dass hier mal Eltern Nägel mit Köpfen gemacht haben. Je höher die Plateaus desto häufiger wurde besohlt.

Wenn dein Kopf nicht angewachsen wäre ...

„ ...hättest du ihn schon längst irgendwo vergessen". Diesen Spruch höre ich heute noch. Die Frage ist nur – wo hab ich ihn doch gleich hingelegt? Ich wachte als Kind einmal schweißgebadet nachts auf. Im Traum suchte ich meine Geldbörse und fragte Mama, die in der Küche nebenan arbeitete, nach dem Verbleib. „Hast du die in der Hose vergessen, die ich heute gewaschen habe?" „Keine Ahnung." „Kind, Kind, wenn dein Kopf nicht angewachsen wäre, dann hättest du ihn schon irgendwo vergessen". Darauf erschien ich in der Küche und hatte keinen Kopf mehr auf den Schultern. Kleinlaut sagte ich „Sorry Mum, hab meinen Kopf irgendwo liegen lassen." Meine geliebte Mutter musste in diesem Moment tausend Tode gestorben sein. Ich zog es vor, schnell aufzuwachen. Der Griff an den Kopf bestätigte mir korrekte Passform und Funktionstüchtigkeit des selben.

Verbrenn dich nicht

Dieser Spruch gehört zu der Kategorie der „Sinnlosen Sprüche". Zu ihr gehören auch so beliebte Sprüche wie „Pass auf.", „Fall nicht!" oder der mit Abstand sinnloseste „Fahr vorsichtig!", den Söhne und Töchter sich noch anhören müssen, wenn sie ihre Mama im Seniorenheim besuchen kommen. Die Sinnlosigkeit der Sprüche dieser Art zeigt sich, wenn man sich einmal vorstellt, wie es wohl aussieht, wenn ein Kind diese Aufforderung umzusetzen gedenkt. Das arme Kind schleicht wie ein Luchs durch die Straßen, schaut alle paar Meter nach links, nach rechts, nach oben und nach unten, immer den Spruch „Pass auf!" im Hinterkopf. Der Gedanke an ein Kind, das im Straßenverkehr bewusst ein Bein vor das andere setzt, um bloß nicht zu fallen, erinnert eher an britischen Humor als an das Beherzigen von Mamas Ratschlag „Fall nicht!". Und das Fatale ist, dass ein Schadensfall immer mit dem Standardspruch „Hab ich dir nicht gesagt, du sollst ..." endet. Mama sitzt eben doch am längeren Hebel.

Du bist aber nicht „die Anderen"

Einer der stärksten Waffen der Mutter. Von diesem Spruch existiert auch die Variante „Und wenn die Anderen von der Brücke springen, dann tust du das auch?"

Was auf den ersten Blick logisch erscheint, ist lediglich das Gegenstück zum weltbekannten „Schau mal, der Stefan macht das auch." bzw. „Das gehört sich nicht", „Das macht man nicht".

Wenn es der mütterlichen Instanz beliebt, so werden die Anderen als Vorbild oder eben als abschreckendes Beispiel herangezogen. In jedem Fall ist der angewendete Mama-Spruch höchst wirkungsvoll. Als Kind hat man hierbei per se verloren. Widerspruch ist genauso zwecklos wie die Beantwortung der Frage der geliebten Partnerin „Schatz, bin ich zu dick?". Auf diesen Spruch werde ich im Verlauf des Buches aber noch ausführlicher zu sprechen kommen.

Es geht dir zum linken Ohr rein und zum Rechten wieder raus

Traumhaft! Da wählt man nun die Strategie des geringsten Widerstandes, um den lieben Haussegen nicht wieder schief hängen zu lassen, und schon wird man provoziert.

Diese Strategie wird übrigens auch überaus erfolgreich von Senioren angewendet. „Heide hört nur noch, was sie will" ist das Pendant für all unsere geliebten Omas und Opas. Und Oma und Opa müssen schließlich wissen, was gut ist – sie haben uns eine Unmenge an Jahren voller Lebenserfahrung voraus.

Mein lieber Freund und Kupferstecher

Diesen Spruch habe ich mit Siebzehn das letzte Mal gehört, als ich den Spruch in Gegenwart meiner rothaarigen Freundin zu hören bekam. Gelassen konterte ich mit „Lass meine Freundin aus dem Spiel". Das peinliche Schweigen danach schien dauerhaft heilsam zu sein. Meine Mutter entschied sich von da an für die Variante „Mein lieber Freund und Bogenspucker." Als ich daraufhin eine geschlagene Stunde damit verbrachte, Loopings zu spucken wie Lukas der Lokomotivführer und unbeabsichtigt den elterlichen Wohnzimmerteppich flächig mit meinem Speichel benetzte, fing ich mir zwar einen ordentlichen Klaps ein, meine Mama verzichtete aber fortan auch auf diese zweite Variante des Spruches. Heute wählt sie nur noch die Kurzform „Mein lieber Freund." oder auch die kumpelhafte Variante „Freundchen!?"

Wie heißt das Zauberwort mit den zwei t?

Nun ja. Eigentlich hat Mama Recht. Es ist kein Grundgesetz, dass die Mama den Kindern immer alles vorbereitet und hinstellt. Ein Riesendank daher mal an dieser Stelle an alle Mütter dieser Welt. Leider stellte sich diese Einsicht auch bei mir erst nach Vollendung des dreißigsten Lebensjahres ein. Ich erinnere mich noch heute daran, wie ich einmal wagte, die Frage mit den Worten „Aber floTT floTT" zu beantworten. Drei Tage Hausarrest bei Wasser und Brot waren aus heutiger Sicht ein faires Strafmaß der elterlichen Judikative.

Manchmal denk ich, die haben dich im Krankenhaus vertauscht

Mama-Sprüche dieser Kategorie zeigen die unendliche Hoffnungslosigkeit der Mütter dieser Erde. Da zeugen sie nun fleißig und freuen sich auf das bestätigende Kopfnicken des Frauenarztes. Dann tragen sie neun Monate ein Kind aus, geben sich unzählige schlaflose Nächte und Heulanfälle, dass das Trommelfell platzt. Und bei der ersten klitzekleinen Bosheit negieren sie, dass du Teil von ihnen bist. Von diesem Spruch gibt es zahlreiche Varianten. „Dich haben wir mit der Banane aus dem Urwald gelockt." ist die Esstischvariante, „Dich hat der Esel im Galopp verloren." die Bildhafte. Zwei Sprüche, die jedes normale Kind in den Suizid treiben, sind „Mütter müssen blöd sein, sonst hätten sie keine Kinder." oder auch „Wir bringen euch ins Kinderheim und holen uns neue Kinder!" Spätestens hier ist der Stab über die armen Kinder gebrochen. Jahrelange schwere Depressionen und ein gestörter Esstrieb gehören zu den häufigsten Auswirkungen eines solchen Kommentars.

Ich glaube, das Christkind kommt dieses Jahr nicht

Hier begibt sich Mutter auf sehr dünnes Eis. Weiß doch jeder Vierjährige bereits, dass das Christkind lediglich die fiktive Hauptfigur in einem weltbekannten Computerspiel ist, welches man im dritten Level mit seiner Pump-Gun durchsieben muss – mehr nicht. Klassische Eigentore sind im Dezember eines jeden Jahres in den Fußgängerzonen Deutschlands zu sehen, wenn die Mutter den unartigen Rotzlöffel mit diesem Spruch disziplinieren will und das Kleine daraufhin antwortet „Mama? Für wen sind denn dann all die Geschenke in den Tüten da?". Gut, wenn man einen geliebten Mann hat, der Ende Dezember Geburtstag hat. Schlecht, wenn die gesamte Verwandtschaft in den Sommermonaten das Licht der Welt erblickte. Hier hilft als letzte Rettung nur noch ein „Komm jetzt weiter." oder ein „Kind, frag nicht so viel."

Nimm ein Taschentuch und nicht immer den Ärmel

Wieso? Der Ärmel ist viel weicher. Arme Mama. Steht den ganzen Tag in der Küche, muss für vier Leute Wäsche waschen und kaum ist der Pullover getrocknet, ausgiebig gebügelt und nach allen Künsten altasiatischer Faltkunst im Schrank verstaut, so hat der Bengel nichts besseres zu tun, als das duftende Stück überzustreifen und seine Naseninhalte fein säuberlich am Ärmel zu archivieren. Meine Mutter dachte in frühen Jahren ernsthaft darüber nach, mir Pullover zu basteln, die einen verkürzten Ärmel haben, um dann das letzte Stück bis zum Handgelenk mit einer Art annähbaren Zylinder aus Küchenrolle zu vervollständigen. Brillante Idee, doch das Patent darauf war bereits im Besitz der Waschmittelindustrie. Es ging schon damals um die Sicherung eines Milliardenmarkts. Man stelle sich vor, Kinder würden nicht mindestens ein Mal am Tag einen frisch gewaschenen Pullover versauen. Die Auswirkungen auf das Bruttosozialprodukt unseres Landes wären erheblich – eine Weltwirtschaftskrise könnte nicht ausgeschlossen werden.

Erde an Kind – bitte kommen

Der verzweifelte Versuch der Mutter, mit dem Kind zu kommunizieren, trägt seltsame Blüten. „Hörst du mir bitte zu?" scheint oft zu trivial. Der Kreativität der Eltern sind hier keine Grenzen gesetzt. „Ja red ich denn für die Katz?" in einer haustierlosen Familie ist ebenso amüsant wie „Red ich mit der Wand?" während eines Waldspazierganges nach dem Sonntagsbraten. „Jemand zu Hause?" in Kombination mit einem Anklopfen an die Schädeldecke und „Hast du Schmalz in den Ohren?" runden das Portfolio ab.

Du bist aber groß geworden

Dieser Spruch ist vor allem zum Standard bei den lieben Verwandten geworden. Harmlos noch die anerkennenden Wangenkniffe von Tante und Onkel, tödlich jedoch in Verbindung mit der Person Großmutter. Oma kommt im Regelfall nicht umhin, dem Worte auch noch Taten folgen zu lassen. Hierzu verschwindet die linke Hand im rechten Ärmel ihres Pullovers und zaubert ein fein säuberlich zerknülltes Papiertaschentuch hervor, das sie liebevoll mit ihrem eigenen Speichel benetzt, bevor sie es um ihre zitternde Fingerkuppe wickelt. Wer bis jetzt nicht die Flucht ergriffen hat, ist ausgeliefert. Zielsicher landet der Finger mit seinem feuchtwarmen Wickel irgendwo im Gesicht des Kindes und reinigt dort einen kleinen Fleck. Ein Schauder für den Betroffenen, ein Fest für Oma. Die hilfesuchenden Blicke Richtung Mama werden mit einem hilflosen Achselzucken beantwortet.

Und in Indien haben die Kinder nichts zu essen

Bei allem Respekt vor dem Hunger in dieser Welt – manchmal hörte ich diesen Spruch und wünschte, ich könnte nur einmal mit denen tauschen. Kohlroulade war und ist nicht mein Leibgericht. Treffender formuliert: ich hasse es. Ach, hätte ich nur dem Mittagstisch entfliehen können. Aber aussichtslos. Zwischen mich und der rettenden Küchentür hat der liebe Herrgott Mama mit dem Kochlöffel gesetzt. „Iss jetzt, träum nicht rum!" – auch nicht von Indien, auch nicht für eine kleine Minute? Ob die Kohlrouladen mögen würden?

Ihr treibt mich noch ins Grab

Mütter sind bisweilen herzerfrischend ungehemmt in bezug auf ihre schauspielerischen Fähigkeiten. Sprüche dieser Couleur werden mit Liebe in Verbindung mit Körperhaltungen vorgeführt, die der Aussage ein beeindruckendes Gewicht geben. Beliebt ist die „Teekännchen"-Haltung. Ein Arm wird dazu in die Taille gestützt, der andere wird Richtung Kopf genommen. Dabei berührt der Handrücken die Stirn. Diese Geste wird auch gerne von Frauen auf dem gesamten Globus verwendet, um eine drohende Migräne anzukündigen oder sich ihren ehelichen Pflichten zu entledigen. Der Ursprung dieses Verhaltens führt uns zurück bis ins frühe Mittelalter. Es war zu dieser Zeit gang und gäbe, als Frau das Bewusstsein zu verlieren, um treffsicher im Arm des heimlich Verehrten zu landen – wenn der sich nicht just in diesem Augenblick zur Tür drehte, um zu gehen.

Die zweite bekannte Geste ist die „Hängebrücken"-Haltung. Sie wird dann angewendet, wenn die Mutter sich ausgelaugt und kraftlos zeigen will. Hierbei hält sie sich mit beiden Armen an einer Stuhllehne fest, um nicht umzufallen. Die Arme sind dabei durchgestreckt, der Rumpf verbindet wie eine Hängebrücke die Schulterblätter. Wichtig zu beachten ist hier, dass der Blick zu Boden gerichtet ist, der Kopf resigniert geschüttelt wird und das ganze mit einem Stoßseufzer abgerundet wird. Nur so wird die optimale Wirkung erzielt.

Zieh die Hose hoch

Ein äußerst selten gewordenes Exemplar. Anhand dieses Beispiels soll erläutert werden, wie sich die Mama-Sprüche über Generationen hinweg den Gegebenheiten anpassen. Noch meine Generation hörte diesen Spruch alle paar Tage – mit Vorliebe, wenn man vor der lieben Verwandtschaft präsentiert werden sollte. Sehr beliebt war die Kombination mit „Steck das Hemd anständig in die Hose".

Die jetzige Generation der Jugendlichen hat beschlossen, sich diesem Typus Spruch nicht mehr auszusetzen. In einer konzertierten Aktion mit der Bekleidungsindustrie wurde in den neunziger Jahren eine jugendfreundliche Mode entwickelt. Hemden trägt man heute leger über der Hose. Und sie haben heutzutage eine verstärkte Abschlussnaht, damit sie beim Baumeln auf dem Gehsteig nicht so schnell abnutzen. Auch Hosen werden in der heutigen Jugend sehr bequem getragen. Sie messen so viel Fläche wie das Segel eines Dreimasters und haben einen Schritt, der knapp über Knöchelhöhe hängt. Würde eine Mutter heute ihrem Kind befehligen „Hemd in die Buxe, Hosen hochziehen!", so würde der eben noch coole Sohn nach dem Hemdreinstopfen in Sekunden den Körperumfang eines Michelinmännchens annehmen. Der Hosengürtel würde nach Hochziehen der Jeans in etwa bis zum Haaransatz reichen und könnte als Lederstirnband gute Dienste verrichten.

Auf dieses lächerliche Bild haben selbst moderne Mütter keine Lust und ziehen es daher vor, ihre Kids nicht mehr mit solcherlei Sprüchen zu behelligen.

Ordnung ist das halbe Leben

Sauberkeit die andere Hälfte, Ehrlichkeit weitere 50% und Strebsamkeit macht die vierte Hälfte aus. Was Mütter nicht können „Moment bitte, ich kann mich nicht teilen.", wird bei den geplagten Kindern in aller Regel als selbstverständlich vorausgesetzt. So läuft die Jugend zwangsläufig mit einem gespaltenen Ich durch die frühen Lebensjahre. Nur so kann man zwei mal hundert Prozent bringen. Kinder allerdings, die nicht schizophren sind, leiden unter einer eklatanten Schwäche in Mathematik. Kein Wunder – wenn man erzählt bekommt, dass vier mal fünfzig hundert ist.

Die Enzyklopädie der ewigen Klassiker:

Über 150 ewige Klassiker von Mama – in handliche Pakete geschnürt ...

Vorsicht – bissige Mama

1. Mein lieber Freund.
2. Mein liebes Fräulein, ich warne dich.
3. Fräuleinchen, komm mal hier her.
4. Ich sag es dir im Guten.
5. Ich zähl bis drei, dann ist hier Karneval.
6. Ich hau dir was.
7. Es reicht.
8. Das Maß ist voll.
9. Das ist mein letztes Wort.
10. (Drohend) Aaains ...(noch drohender) Zwaaai ...
11. Wenn du das noch mal machst, kannst du was erleben.
12. Wenn du so weiter machst, fängst du dir noch eine.
13. Wenn ich aufstehen muss, dann knallt's.
14. Gleich hat der Holzlöffel Hochzeit.
15. Gleich gibt es Popoklatsche mit Anlauf.
16. Gleich gibt's eine Yachtreise.
17. Gleich passiert was.
18. Gleich ist Feierabend (dabei hat man noch gar nicht gearbeitet ...).
19. Gleich hat die Uhr 12 geschlagen.
20. Gleich schlägt es 13.
21. Wer nicht hören will, muss fühlen.
22. Beide in einen Sack und immer mit dem Knüppel drauf, da triffst du immer den Richtigen.
23. Zuhören, Mund halten.
24. Hör zu, wenn ich was sage.
25. Hör zu, wenn ich mit dir rede.
26. Hör mir gefälligst zu.
27. Du mit deinen Rhabarberohren.
28. Lass mich gefälligst ausreden.
29. Erde an Kind – bitte melden.
30. Und sag nicht immer ja, ja ...

31. Du hast jetzt mal Sendepause.
32. Du bist jetzt mucksmäuschenstill.
33. Wie oft soll ich das noch sagen?
34. Ich hab dir das schon hundert mal gesagt.
35. Das hab ich euch schon fünfundzwanzigtausendmal gesagt.

Wenn, dann ...

1. Nicht, solange ihr eure Füße unter meinen Tisch stellt.
2. Bevor die Hausaufgaben nicht gemacht sind, gehst du nicht aus dem Haus.
3. Erst kommt die Arbeit, dann das Vergnügen.
4. Mach mal die Augen zu, dann siehst du was deins ist.
5. Wer saufen kann, kann auch arbeiten.
6. Wer einmal lügt, dem glaubt man nicht, und wenn er auch die Wahrheit spricht.
7. Wenn ihr nicht sofort schlafen geht, werfe ich alles weg, was ich in eurem Zimmer finden kann.
8. Wenn du etwas möchtest, sag das Zauberwort mit den zwei T.
9. Wenn zwei das gleiche tun, ist es noch lange nicht das selbe.
10. Wenn ich das darf, heißt das noch lange nicht, dass du das auch darfst.
11. Wenn dein Kopf nicht angewachsen wäre, hättest du ihn längst irgendwo vergessen.
12. Wenn du nicht lieb bist, nehme ich dich nicht mehr mit.

Kluge Ratschläge

1. Streitet euch nicht.
2. So haben wir nicht gewettet, Freundchen.
3. Frag Papa, ich sag auf jeden Fall „nein".
4. Halt eben die andere Backe hin.
5. Versauf nicht dein ganzes Geld.
6. Wasch dir die Ohren.
7. Nimm ein Taschentuch.
8. Nimm das Taschentuch und nicht den Ärmel.

9. Nimm die Hände aus den Hosentaschen.
10. Zähne putzen, ausziehen, ab ins Bett.
11. Nach dem Sandmännchen geht's ins Bett.
12. Ab in die Falle jetzt.
13. Aufstehen.
14. Geh pfleglich mit deinen Sachen um.
15. Zieh die Hose / Buxe hoch.
16. Fall nicht.
17. Verbrenn dich nicht.
18. Und vergiss nicht wieder die Hälfte.
19. Stell dich schon mal an der Kasse an, ich komm gleich (im Supermarkt – und dann steht man irgendwann als 10-jähriger ohne Geld an der Kasse ...).
20. Mahlzeit!
21. Am besten, man isst gar nichts mehr.
22. Iss langsam.
23. Iss den Teller auf.
24. Mit vollem Mund spricht man nicht.
25. Und in Indien müssen die Kinder verhungern.
26. Gegessen wird, was auf den Tisch kommt.
27. Wenn du nicht aufisst, scheint morgen die Sonne nicht.
28. Bestellt was zu Essen, Trinken haben wir noch im Auto (im Restaurant).

Kinder, Kinder, Kinder

1. Manchmal denke ich, die haben dich im Krankenhaus vertauscht.
2. Dich haben wir mit der Banane aus dem Urwald gelockt.
3. Dich hat der Esel im Galopp verloren.
4. Dich haben die Zigeuner an der Burg verloren.

5. Dich haben wir beim Betten machen gefunden.
6. Dich hab ich ausgeschissen.
7. Mütter müssen blöd sein, sonst hätten sie keine Kinder.
8. ... sonst bringen wir euch ins Kinderheim und holen uns neue Kinder.
9. Hoffentlich werden deine Kinder genauso wie du.
10. Dein Bruder / deine Schwester sollte keine Geschwister haben.

Immer die Anderen

1. Nimm dir ein Beispiel an deinem Bruder / deiner Schwester.
2. Von dem kannste dir mal ne Scheibe abschneiden.
3. Mach dir nichts daraus, andere Mütter haben auch schöne Töchter.
4. Du bist aber nicht „die Anderen".
5. Jetzt sei nicht so beleidigt, anderen Kindern geht´s noch viel schlechter als dir.

Der Glaube versetzt Berge

1. Ich glaub, ich spinne.
2. Ich glaub, es geht los.
3. Das kann ich nicht glauben.
4. Wer es glaubt, wird selig.
5. Ich glaube, das Christkind kommt dies Jahr nicht.

Ich und du, Müllers Kuh ...

1. Ich bin immer noch deine Mutter.
2. Ich bin so enttäuscht von dir.
3. So gut möchte ich´s auch mal haben.
4. Ich bin doch kein Dukatenscheißer.
5. Ich bin aber nicht wie die anderen Mütter.
6. Da möchte ich ja mal Mäuschen spielen.
7. Wir müssen ja solche Rabeneltern sein.
8. Das fällt doch alles auf uns zurück.
9. Da bist du noch zu klein für.
10. Das kannst du deiner Großmutter erzählen.
11. Du musst erst mal in mein Alter kommen.
12. Du bist aber groß geworden.
13. Du musst ja viel Geld haben.

14. Du hast wohl schon deinen Vater gefragt und der hat „nein" gesagt.
15. Aber dafür hast du Zeit.
16. Da kannst du aber Gift drauf nehmen.
17. Du und deine unausgegorenen Ideen ...
18. Du hast wirklich nichts als Blödsinn / Unfug im Kopf.
19. Dumm wie Bohnenstroh.
20. Du stinkst ja vor Faulheit.
21. Du bringst mich noch zur Weißglut.
22. Du denkst von 12 bis Mittag.
23. Du bist mir vielleicht so ein Früchtchen.
24. Du bist mir ja ein Herzchen.
25. Du nimmst wohl alles für selbstverständlich.
26. Du bringst mich noch ins Irrenhaus.
27. Dir wird das Lachen schon noch vergehen.
28. Dir kann man im Gehen die Schuhe besohlen.
29. Egal, was man dir sagt, es geht zum einen Ohr rein und zum andern wieder raus.
30. Schreib dir das hinter die Ohren.
31. Geh mit Gott, aber geh.
32. Deine Pickel sieht man doch fast gar nicht.
33. Was grinst du so? Du hast bestimmt wieder was angestellt.
34. Das war jetzt aber nicht lieb von dir.
35. Immer nur haben, haben, haben.
36. Ihr treibt mich noch ins Grab.
37. Irgend etwas heckt ihr doch schon wieder aus ...
38. Ihr spinnt ja.

Kraut und Rüben unter den ewigen Klassikern

1. Wohnen wir am Hang oder was?
2. Du hast doofe Ohren.
3. Gleich fällt der Watschenbaum um.
4. Sand reinigt den Magen.
5. Ich gebe dir 10 Mark, wenn ich dich mal hinten kämmen darf.
6. Wegen dir werden wir ein Bittgesuch einreichen.
7. Und ab die Post.
8. Ordnung ist das halbe Leben.

9. So schnell schießen die Preußen nicht.
10. Da stehen einem ja die Haare zur Berge.
11. Schließlich waren deine Eltern auch mal jung.
12. Na also, es geht doch.
13. Das heißt „wie bitte".
14. Das hat ein Nachspiel.
15. Das ist doch zum Mäusemelken.
16. Das ist mein Sohn, als er klein war.
17. Der Klügere gibt nach.
18. Besser ist besser.
19. Jetzt spuck mal nicht so große Töne.
20. Kleine Sünden straft der liebe Gott sofort.
21. Dummheit schützt vor Strafe nicht.
22. Komm ich heut nicht, komm ich morgen.
23. Mein lieber Herr Gesangsverein.
24. Mein lieber Scholli.
25. Mein lieber Freund und Bogenspucker (wahlweise Kupferstecher).
26. Ich habe nein gesagt und damit basta.
27. Eine Mama sieht alles.
28. Lehrjahre sind keine Herrenjahre.
29. Lügen haben kurze Beine.
30. Ein Indianer kennt keinen Schmerz.
31. Gibt man euch den kleinen Finger, nehmt ihr gleich die ganze Hand.
32. Nur weil kein Muttertag mehr ist, heißt das noch lange nicht, das jetzt jeden Tag Kindertag ist.
33. Oma würde sich im Grab rumdrehen, wenn sie das sehen müsste.
34. Mund zu, es zieht.
35. Mach den Mund zu. Die Kacke wird kalt.
36. In Herrgotts Namen.
37. Erzähl mir doch mal was über deinen Timo. Du erzählst mir nie was.

MAMA – DIE HAUSHERRIN

Der überwiegende Teil der mütterlichen Erziehung spielt sich in den eigenen vier Wänden ab, dem Schmelztiegel der Generationen. Hier ist Herrschaftsgebiet von Mama. Mit strenger Hand und wachem Auge führt sie das Zepter in ihren Refugium. Jedes Mitglied des Haushalts hat sich bedingungslos unterzuordnen.

In der Epoche der Römer wurde dieser Familienhierarchie erstmals baulich Rechnung getragen. Gewiefte Architekten erfanden den Innenhof – das Atrium. Um dieses Atrium herum bauten sie den Rest des Wohnhauses. Diese Raumanordnung hatte offensichtliche Vorteile. Die Hausherrin konnte vom Innenhof aus das ganze Reich überblicken. Durch die zur Straße hin geschlossene Architektur des neuen Haustyps blieben unkontrollierte Wutausbrüche im Haus. Zudem konnte die gestrenge Mutter beim Fegen der Hofplatten des Atriums den Überblick behalten, wer ein und aus geht in ihrem Haus.

Ein Ritual übrigens, das als „Putzwoche" noch heute in deutschen Städten und Gemeinden gepflegt wird. Einmal in der Woche müssen die Gehwege gefegt werden. Dies dient nicht vorrangig der Sauberkeit. Es befriedigt viel mehr den instinktiven Drang der Mütter zu schauen, wer kommt und geht – vorzugsweise bei den werten Nachbarn, versteht sich.

Mach bitte die Tür zu, wenn du auf die Toilette gehst

Eigentlich ein Spruch, der keine Dramatik verspricht. Hierzu gibt es jedoch eine kleine Anekdote, die mir eine Bekannte zum Besten gab. Besagte Dame war unlängst Mutter geworden. Ihr Kind war in einem Alter, in dem es schon selbst laufen konnte, aber der geordnete Toilettengang noch hier und da perfektioniert werden musste. Das ist die Zeit, in der das heimische Bad in der Regel einem Kinderpalast gleicht. Tausende Mobiles hängen von der Decke, überall liegen aufblasbare Delphine und die Badewanne ist gespickt mit rosafarbenen Klebefischen. Der Gang zur Toilette gleicht der Besteigung eines Throns. Eine Art Kindertreppe erleichtert dem Kleinen das Erklimmen der Klobrille. Setzen tut sich der Hosenmatz selbstredend nicht auf die handelsübliche Klobrille. Diese verschwindet für ein knappes Jahr unter einem eigens für den Balg gekauften Kloaufsatz in Kinderpopobreite.

Besagte Dame hatte zum Kaffee am Wochenende ihre Abteilung eingeladen und eine festliche Tafel gerichtet. Das gute Silberbesteck, Meißner Porzellan und schöne Kerzenständer schmückten den Tisch. Man erging sich im Small Talk und der Abteilungsleiter trug gerade eine Dankesrede über die erbrachten Leistungen des Teams vor, als plötzlich das Kleine mit heruntergelassenen Hosen in der Wohnzimmertür erschien, um stolz zu verkünden: „Mama, A-A fertig." Die Mutter der Kleinen wünschte sich nichts sehnlicher als einen versenkbaren Erdboden, entschied sich dann aber doch dazu, lieber zu einer Salzsäule zu erstarren. Das gelähmte Schweigen der Geladenen lag wie erdrückender Bodennebel im Raum, ehe es einem herzlichen Gelächter wich.

Hier hat wohl eine Bombe eingeschlagen

Es gibt unzählige Spielformen an Sprüchen, die letztlich dem Kind nichts weiter sagen sollen, als dass es sein Zimmer mal wieder aufräumen soll. „Hier sieht´s ja aus wie Kraut und Rüben / bei den Hottentotten / bei Hempels unterm Sofa.", „Was bis zwölf nicht aufgeräumt ist, landet auf dem Müll.", „Hier hat man ja kaum noch Platz zum Laufen." oder „Auf dein Regal kann man ja ´Sau´ schreiben." sind die bekanntesten Vertreter dieser Kategorie.

Letztlich wollen Mütter einfach nicht verstehen, dass Kinder einen eigenen Ordnungssinn haben. Oder legen sie am Ende gar andere Maßstäbe an, als bei sich? Nachdenklich stimmt mich jahrein, jahraus die Schrankwand im Schlafzimmer meiner Eltern. Hier sind gut drei Dutzend Bettbezüge auf einem halben Quadratmeter zusammengepresst, falls sich einmal Napoleon und der halbe französische Hofstaat zur Übernachtung anmelden sollten. Nicht eben ein Vorbild heimischer Regalordnung, diese Schrankwand. Aber wer fremdes Terrain angreift, braucht so lange das eigene nicht zu verteidigen. Schlaue Strategie, Mama.

Ellbogen vom Tisch

Einmal am Tag ist Abendessen. Eine Tragödie in 365 Akten pro Jahr. Das normgerechte Verhalten der Sprösslinge bei Tisch stellt einen beachtlichen Teil der mütterlichen Erziehung dar. Während Vater ungehemmt mit den Knien unter dem Tisch wackeln darf und die Flasche Bier ansetzt, um sie mit einem Zug zu leeren, werden den Kindern unmäßige Verhaltensregeln auferlegt. Das Messer darf nur in die rechte Hand genommen werden, das Essen muss stets zum Mund geführt werden statt umgekehrt und freudige Erregung über die Qualität des Essens darf weder mit einem ordentlichen Rülpser noch mit einem würzigen Darmlüftchen gelobt werden. So macht essen einfach keinen Spaß.

Die Lösung hierfür liegt in den sogenannten Fast Food Days. An diesen Tagen wickelt sich die ganze Familie in legere Trainingspellen und fährt ein Mal monatlich geschlossen zu McDonalds, um mal so richtig die Sau rauszulassen. Die Ellenbogen genüsslich auf den Tisch gelegt, werden mit großen Strohhalmen Colabecher lautstark ausgeschlürft, die Remoulade der Burger fein säuberlich zwischen die Finger massiert und fettige Pommes sadistisch auf den Plastiktabletts erdrosselt. Was als therapeutischer Ausgleich von Mama für die Kids gedacht ist, erfreut sich ungeteilter Zustimmung auch beim Herr des Hauses. Hinter der gestrengen Fassade des Patriarchen blitzt ein spitzbübisches Gesicht hervor, wenn er seiner geliebten Ehefrau den Bierschaum frontal ins Gesicht bläst. Zu Hause einfach undenkbar. Hier Standard.

Fresstage sollten Feiertage werden. Die Väter haben sich übrigens hierfür seit Generationen den 1. Mai ausgesucht. Unter dem Deckmantel des „Tages der Arbeit" und fernab der Hausherrin frönen sie einmal jährlich der Subkultur der ungehemmten Nahrungsaufnahme. Keine Regeln. Nur Männer. Traumhaft.

Wascht euch die Hände vor dem Essen

Wie soeben beschrieben, hat sich in der Evolution des Menschen das Essen grundlegend gewandelt. In grauer Vorzeit war das Essen lustvolle Nahrungsaufnahme, es wurde kraftvoll und nach Herzenslust zugelangt. Heute gleicht das Essen eher einem chirurgischen Eingriff in den Mundraum des Patienten. Noch einmal sei die Analogie zu dem McDonalds Besuch gezogen. Hier findet noch heute die Ursprünglichkeit des Essens statt – archaisch, unerbittlich, Kampf um jede Pommes. Gott segne die Amerikaner, die uns dieses Biotop, dieses schützenswerte Relikt vererbt haben.

Hat irgendeine der geliebten Mütter schon mal ein Kind vor dem Essen dort auf die Toilette gehen sehen, um sich die Hände zu waschen? Nie. Ganz im Gegenteil heißt es dort „Kind, wasch dir mal die fettigen Hände, so kommst du mir nicht ins Auto." Jawohl, recht so, so macht Essen Spaß.

Zu Hause allerdings sieht die Realität anders aus. Da müssen sich die Kleinen die Greifer vor dem Essen polieren. Es könnte ja das teure Tafelsilber oder die porentief weiße Tischdecke einen Fleck abbekommen. Nicht auszudenken.

Das Unkraut zwischen den Steinen muss weg

Diesen Mama-Spruch bekommen natürlich nur diejenigen unter uns zu Ohren, deren Eltern ein Eigenheim besitzen. Für Hochhauskinder gibt es das passende Äquivalent „Bring mal den Müll runter." Ein guter Freund von mir erzählte mir unlängst, dass er – obwohl seine Eltern ein stattliches Anwesen besitzen – diesen Spruch nie hörte. Ungläubig hörte ich die folgende Geschichte:

Seine Eltern wohnten in einer Gegend, in der deutsche Tugenden sich auch in der Gestaltung der Gärten widerspiegelten. Der Rasen war exakt rechtwinklig angelegt, Springbrunnen aus billigem Steinimitat und Gartenzwerge mit polierten Mützen sprenkelten das Grün. Diese übertriebene Deutschheit war den Eltern meines Freundes zu viel.

Während rund herum sonntags mit der Nagelschere der englische Rasen gestutzt wurde, beschlossen die beiden, Unkraut zu züchten – ja, richtig gelesen, zu züchten. Tatsächlich banden sie jeden zarten Stängel bemutternd hoch, auf dass er den Mut besaß, ein richtig großes Unkraut zu werden. Den Rasen hingegen ließen sie bitterlich verkommen. Binnen weniger Jahre entstanden unglaubliche Unkrautfelder, die einen amüsanten Kontrast zum gepflegten Retortengarten der Nachbarn bildeten. Es endete, wie es enden muss. Die Nachbarn waren „not amused" und das Amtsgericht hatte den wohl interessantesten Fall seiner Existenz zu lösen.

Telefonier nicht so viel

Die Menge der Tränen jener jungen Teenager-Mädels, die auf Druck ihrer Eltern das Telefon auflegen müssen, würde ganze Seen füllen. Unverständlich, dass man nach dem kurzen Plausch von gerade mal zwei Stunden schon wieder die Leitung frei machen soll. Dabei ist Karsten aus der Nachbarklasse doch so süß. Und Martinas neue Haare sind echt scheiße. Das muss halt ausgiebig mit Sabine besprochen werden.

Die Telekom erkannte die Zeichen der Zeit rechtzeitig. In den neunziger Jahren wurde mit ISDN die Möglichkeit eingeführt, mehrere Nummern und Telefone parallel in einem Haus zu installieren. Der Vorteil ist: jeder hat sein Telefon und Papa zahlt. Die Eltern verbringen dann den Abend damit, ihr neues Und-das-ist-nur-für-Mami-und-Papi-Telefon anzustarren, in der Hoffnung, dass jemand anruft. Tut aber keiner.

Das weiß aber nur die Telekom. Wenn man Mama fragt, erwartet sie immer gerade einen wichtigen Anruf. „Was ist denn, wenn Oma stirbt und die Polizei muss uns erreichen?" „Mama, Oma ist tot!" „Na oder irgend jemand anderes halt." Wer denn? Vielleicht Günther Jauch, weil Mama Telefonkandidatin ist?

Das neu gewonnene Selbstvertrauen der Jugend lechzt aber nach weiteren Evolutionsstufen der Kommunikation. Die Lösung sind Prepaid-Handies mit Ess Emm Ess! Belangloses im 120-Zeichen Takt. Vorteil:

jeder hat sein Handy. Man hat es immer dabei und Papa zahlt. Jetzt kann Sabine von überall aus mitteilen, dass Karsten total süß ist. Und die Eltern haben auch unterwegs das gute Gefühl, nicht angerufen zu werden.

Warum Mama und Papa das Handy der Kids zahlen? Falls Oma stirbt, muss man ja schnell die Kinder erreichen können.

Geh mit dem Hund raus, du wolltest ihn ja haben

Die Deutschen besitzen 4 Millionen Hunde. Ziehen wir davon einmal die 300.000 Dackel ab, die in Seniorenheimen ihren Herrchen und Frauchen treu zur Seite stehen. Ziehen wir weitere 200.000 Kampfterrier für die Goldkettchenträger unseres Landes ab. Bleiben also rund 3,5 Millionen Hunde in Kinderhand.

Die Anzahl der Erwachsenen, die sich freiwillig einen Hund zulegen, kann man an dieser Stelle getrost vernachlässigen. Männer wollen zu Hause ihre Ruhe und ein kühles Bier, Frauen macht ein Hund zu viel Dreck. Wenn Mama nur einmal in der Woche ihr Kind dazu auffordert, den haarigen Vierbeiner vor die Tür zu stellen, so muss der liebe Herrgott sich diesen Spruch im Jahr 175 Millionen Mal anhören. Nur aus Deutschland! Der gute Mann ist wirklich nicht zu beneiden.

Es wird gegessen, was auf den Tisch kommt

Das Todesurteil für die Kochkünste der Mutter. Fällt dieser Spruch, ist das Vertrauen der Kinder in die Fähigkeit der Mama, sie zu ernähren, bereits erloschen. Das leise fragende „Mama, krieg ich ein Käsebrot?" ist der letzte verzweifelte Versuch des Kindes, der Portion Rahmspinat zu entkommen. „Nein!". Das Urteil ist hart und direkt. „Kann ich mir Ketchup drauf machen?" „Nein. Spinat mit Ketchup schmeckt nicht!" Ohne noch viel weniger, Mama.

Was jetzt noch hilft, ist stiller Protest. Gelangweilt im Essen stochern und eine Schnute ziehen. Hoffen, dass Mama einlenkt, wenn man nur beleidigt genug ist. Ihr den Spaß am Essen rauben, das ist das letztliche Ziel. Wenn das nach dem reingepressten halben Teller Spinat nicht erreicht ist, rettet man sich durch einen vorgetäuschten Sättigungsanfall. „Bin satt, Mama. Hab mir in der großen Pause zwei Brezeln gekauft." Mama wird sauer, weil sie sich so viel Mühe gemacht hat, aber das muss man in Kauf nehmen. Schließlich ist der Selbsterhaltungstrieb stärker ausgeprägt als das Mitleid mit der eigenen Mutter. „Kochen für euch macht keinen Spaß." sagt Mama. „Essen von dir macht auch keinen Spaß." denk ich. „Dann gibt es halt morgen wieder Pommes." fügt sie ermattet hinzu. Meine Augen leuchten und ich gebe meiner Mama einen Kuss auf die Wange. Sie ist die beste Köchin auf der ganzen Welt.

Mach den Fernseher aus

Der Spruch existiert ebenso auch mit „Musik" und seit einem guten Jahrzehnt auch mit „Computer". Hierbei weist die Mutter auch gerne darauf hin, dass man schwerhörig wird, quadratische Augen bekommt oder aber bald eine Brille brauchen wird. Mag ja sein, aber unter Schwerhörigkeit leiden praktisch alle Damen und Herren in gesetztem Alter, wenn ich mich so umschaue. Interessanterweise kannte diese Generation im wesentlichen Kofferradio und Stummfilme. Kein Grund also, auf dreitägige Technofeten zu verzichten, bei denen so viel Strom durch die Musikboxen geblasen wird, dass man damit eine Woche lang Frankfurt beheizen könnte. Taub werden wir so und so. Oma ist der lebende Beweis.

Interessant scheint mir aber das Züchtigen des Nachwuchses, was den Fernsehkonsum angeht. Wenn ich mich an meine glückliche Kindheit zurück erinnere, war unser Abendessen auf pünktlich neunzehn Uhr terminiert. Nach Beendigung und Abräumen des Tisches schnappten sich meine Eltern Nüsschen, Bier und Cola und machten es sich vor dem Fernseher gemütlich. Um Viertel vor acht Landesschau, Punkt zwanzig Uhr Tagesschau, dann ließen sie sich überraschen und vom Füllhorn der Programmvielfalt treiben. ARD, ZDF oder die Dritten. Es gab tatsächlich mal eine Zeit, in der die Highlights am Fernsehhimmel Didi Hallervordens „Nonstop Nonsens" und Robert Lembkes „Beruferaten" waren.

Zurück zu diesem immer gleichen Prozedere jeden Abend. Ich maß diesem Ritual keine weitere Bedeutung zu, bis eines Abends das Kabelfernsehen sein quietschbuntes Programm durch das schmale Antennenkabel presste. Jeder deutsche Erwachsene lief Sturm gegen die Verwässerung der Fernsehkultur und kaufte sich – nur aus Protest natürlich – ein nagelneues Fernsehgerät, das in der Lage war, die neuen Senderkanäle zu empfangen. Schließlich musste man den Feind im Auge behalten. Unsere Eltern nahmen ihre vaterländische Pflicht sehr ernst.

Ein halbes Jahr später, es ging auf Sommer zu, regte meine Mutter eine Vorverlegung des Abendessens auf achtzehn Uhr an. Dann könne man danach ja noch einen schönen Spaziergang in der untergehenden Sonne machen. Vor so viel zwingender Logik verneigte ich mein Haupt – was sofort als einverständiges Nicken interpretiert wurde. Wieder maß ich dem ganzen wenig Bedeutung zu, bis ich erkannte, dass meine Mutter der heiligen Tagesschau untreu geworden war und die Konkurrenz von RTL zu ihrer Hauptnachrichtensendung erkor. Diese begann aber nicht zur Prime Time um Acht Uhr, sondern eben schon um Viertel vor sieben.

In einer stillen Minute ging ich zu meiner Mutter, zog sie in eine ungestörte Ecke unserer Wohnung und machte ihr folgenden Vorschlag. Ich würde es keiner Menschenseele sagen, dass sie fernsehsüchtig ist und dafür dürfe ich meinerseits so lange und oft vor der Glotze hängen, wie ich wolle. Geschlagen willigte sie ein. Nie wieder hörte ich den Spruch. Zu meinem Geburtstag im Herbst bekam ich einen kleinen Farbfernseher von meiner Familie geschenkt. Woher wussten sie nur, dass ich schon seit längerem diesen Wunsch in mir trug?

Die Enzyklopädie der Hausherrin:

Hier über 180 Sprüche, die die armen Kinder dieser Welt in den eigenen vier Wänden erleiden müssen ...

Halte Ordnung, liebe sie

1. Jetzt räum doch mal endlich dein Zimmer auf.
2. Mein Gott, sieht das Zimmer wieder aus.
3. Wenn du dein Zimmer nicht aufräumst, kommst du am Wochenende nicht raus.
4. Dein Zimmer ist ein einziger Sauhaufen.
5. Dein Zimmer führt ein Eigenleben.
6. Du hast so ein schönes Zimmer und lässt es so verkommen.
7. Ich komme in einer Viertelstunde wieder und dann ist das Zimmer pi-cco-bel-lo.
8. Wenn dein Zimmer bis Morgen nicht aufgeräumt ist, komm ich mit der Mülltüte.
9. Lass doch mal frische Luft rein.
10. Es ist noch keiner erstunken.
11. Hier stinkt's ja wie im Pumakäfig.
12. Überziehe mal dein Bett, da leben ja schon die Wanzen.
13. Schüttel mal das Bett auf, damit es auslüften kann.
14. Dein Konto ist besser überzogen als dein Bett.
15. Jetzt mach dein Bett.
16. Du könntest auch mal wieder Staub wischen.
17. Auf dein Regal kann man ja „Sau" schreiben.
18. Du könntest auch mal wieder den Papierkorb leeren.
19. Müll in´n Müll.
20. Du könntest auch mal wieder den Mülleimer ausleeren.
21. Wir müssen noch was im Garten tun (heißt natürlich: DU musst).
22. Das Unkraut zwischen den Steinen muss weg.
23. Der Garten muss noch winterfest (bzw. frühlings-, sommer-, herbstfest) gemacht werden.
24. Also, wer fegt mal eben schnell durch? Und danach die Garagenauffahrt?
25. Woanders müssen die Kinder viel mehr im Haushalt helfen.

26. Räum den Tisch ab.
27. Mach den Topf sauber.
28. Ist die Spülmaschine schon ausgeräumt?
29. Räum auf, dann wirst du es schon finden.
30. So hab ich das nicht hinterlassen.
31. Das geht auch ordentlicher (Hausaufgaben).
32. 'N Haus verliert nix.
33. So geh ich nicht mit dir auf die Straße.
34. So dreckig kommst du mir nicht ins Haus.
35. Setz dich nicht mit den dreckigen Straßenhosen aufs Bett.
36. Putz dir die Zähne.
37. Wasch dir die Hände.
38. Wasch dir die Finger.
39. Ärmel hoch beim Händewaschen.
40. Wasch dir mal die Füße, damit der Dreck aus den Ohren nachrutscht.
41. Spritz im Bad nicht so rum.
42. Ich bin doch nicht dein Kochwaschputz.
43. Ich bin doch nicht deine Putzfrau.
44. Ich bin doch nicht dein Dienstbote.
45. Und ich darf das dann wieder wegputzen.
46. Bring mir mal den Staubsauger.
47. Den Staubsauger hast du mir immer noch nicht gebracht.
48. Bring mir eine Küchenrolle mit, wenn du das nächste mal runter kommst.
49. Du denkst wohl, du bist hier im Hotel?
50. Bei dir sieht's ja aus, wie bei Hempels unterm Sofa.
51. Räum deine Schultasche aus dem Weg – da kann man ja drüber stolpern.
52. Hier kann man ja kaum noch treten.
53. Hier sieht's ja aus wie Kraut und Rüben.
54. Hier sieht's aus, als hätte 'ne Bombe eingeschlagen.
55. Hier sieht es aus wie auf einem Handgranatenwurfstand.
56. Das sieht hier ja aus wie bei den Hottentotten.
57. Was bis 12 nicht aufgeräumt ist, geht in den Müll / verschenke ich ans Rote Kreuz.
58. Bringe mal deine biologischen Studien in die Küche (Tassen mit Kaba-

Resten, die schon den ein oder anderen Sommertag gestanden haben).

59. Wenn Du nicht aufräumst, werf ich alle deine Sachen aus dem Fenster.

60. Und wenn du hier nicht endlich aufräumst, dann komm ich mit dem großen blauen Müllsack, stopf da alles rein, was hier herumliegt und schmeiß ihn vom Balkon, dann kannste alle deine Sachen unten wieder aufsammeln.

61. Wenn du jetzt nicht aufräumst, schick ich deinen ganzen Kram nach Kolumbien, da wissen die Kinder noch, was so was wert ist.

Tischlein deck dich, aber dalli

1. Heut gibt's nix zu essen.
2. Dann hast du ja nachher keinen Hunger mehr.
3. Vor dem Essen wird nicht genascht.
4. Iss jetzt nichts vorher, gibt gleich Mittag.
5. Wenn das in der Küche liegt.
6. Mach dir halt ein Käsebrot.
7. Äpfel abwaschen.
8. Nach dem Klo und vor dem Essen, Hände waschen nicht vergessen.
9. Deck mal den Tisch.
10. Das Essen wird kalt.
11. Setz dich hin und iss.
12. Schmeckts euch nicht?
13. Es wird gegessen, was auf den Tisch kommt.
14. Dann hast du auch keinen Hunger (wenn man lieber was anderes zu Essen hätte).
15. Probier doch nur einmal für mich, die Milch ist gaaaanz frisch und schmeckt nach Nuss …
16. Achtung, heiss.
17. Kalt kochen kann man nicht.
18. Messer in die rechte Hand.
19. Setz dich gescheit hin.
20. Sitz gerade (am Tisch).
21. Sitz ruhig beim Essen.
22. Hör auf zu knatschen.

23. Wippel nicht so mit dem Stuhl rum.
24. Nimm ein Glas.
25. Ich trete dir gleich ins Kreuz (ist gemeint, wenn man mit Katzenbuckel am Tisch sitzt).
26. Trink nicht aus der Flasche.
27. Die Milch ist nicht sauer, die hat nur einen Stich.
28. Schneid dich nicht.
29. Stocher nicht so im Essen.
30. Ihr benehmt euch wie die Schweine am Trog.
31. Nimm den Löffel zum Mund und nicht den Mund zum Löffel.
32. Ellbogen vom Tisch.
33. Mit dem Essen spielt man nicht.
34. Benimm dich am Tisch.
35. Schmatz nicht.
36. Props nicht so.
37. Schlürf nicht so.
38. Kaas nicht so.
39. Jetzt nimm den Mund nicht so voll.
40. Iss manierlich.
41. Schling nicht so.
42. Nicht so hastig.
43. Nicht so schnell.
44. Ist von allem genug da.
45. Es ist genug für alle da.
46. Oh, jetzt hast du dich vollgekleckert.
47. Du bleibst jetzt so lange sitzen, bis der Teller leer ist.
48. Du stehst erst auf, wenn du aufgegessen hast.
49. Ihr bleibt sitzen, bis alle fertig sind.
50. Nachtisch gibt's erst, wenn du aufgegessen hast.
51. Heut gehst du ohne Nachtisch ins Bett.
52. Ihr seid ganz fiese Esser.
53. Essen wird bei mir nicht weggeworfen.
54. Denk doch an die armen Kinder in Afrika, die bekommen nie so gutes Essen wie du.
55. Woanders hungern die Kinder.

56. Beim nächsten mal isst du mit dem Hund.
57. Da waren die Augen mal wieder größer als der Mund.
58. Nimm die Hand vor den Mund.
59. Rülps nicht, du Schwein.
60. Aha, ein Schwein ist satt (wenn einer gerülpst hat).

Ohrgewalten

1. Immer dieser Krach.
2. Könnt ihr nicht leise sein?
3. Lass die Tür nicht knallen.
4. Mach die Tür leise zu.
5. Seid nicht so laut.
6. Ihr seid jetzt Mucksmäuschenstill.
7. Trampelt nicht so.

Die neue, bunte Welt der Medien

1. Du hast Fernsehverbot.
2. Dann gibt's nachher kein Fernsehen.
3. Mach den Fernseher leiser.
4. Sitz nicht so nah am Fernseher.
5. Schalt mal um (zu Zeiten, als die TV-Fernbedienung noch nicht erfunden war).
6. Du bekommst noch ganz viereckige Augen vom vielen Fernsehschauen.
7. Mach das Gedöns aus.
8. Mach jetzt endlich den Fernseher aus.
9. Hockt nicht immer vor der Kiste.
10. Draußen scheint so schön die Sonne und du sitzt hier vor dem Fernseher.
11. Dreh mal den Bass raus, ich kann nicht schlafen.
12. Das ist doch keine Musik mehr.
13. Bei der Musik kriegt man ja Gedärmverwicklung.

14. Mach die Musik leise.
15. Wenn du die Musik nicht leiser machst, drehe ich dir die Sicherung raus.
16. Mach die Negermusik leiser (bei Soul-/ Stones etc.).
17. Ich dreh euch die Sicherungen raus.
18. Mach den PC / TV aus, sonst zieh ich den Stecker.
19. Sitz nicht so lange vorm Computer, das ist schlecht für die Augen.
20. Mach mal die Höllenmaschine (gemeint: Computer) aus, sonst fliegt das Ding aus dem Fenster.

Trautes Heim, Glück allein

1. Daheim ist es am schönsten.
2. Am besten, man bleibt daheim.
3. Am besten, man geht nicht vor die Tür.
4. So gehst du mir nicht aus dem Haus.
5. Um die Zeit willst du noch fortgehen?
6. Schließ die Tür ab.
7. Mach den Herd aus, wenn du weggehst.

Kleider machen Leute

1. Zieh deine Hausschuhe an.
2. Zieh dir Pantoffel an.
3. Schnürsenkel auf beim Schuhe Ausziehen.
4. Zieh dich richtig an Junge. Wo hängt denn deine Hose?
5. Und steck dir das Hemd rein.
6. So einen Fetzen würde ich noch nicht mal zum Aufwischen nehmen (Kommentar zu einem Kleid).

Weitere Besen der Hausherrin

1. Eine Woche Hausarrest.
2. Geh spielen.
3. Diese drei Tropfen (wenn man nicht rausgehen will, weil es regnet).
4. Wenn ich hochkommen muss, dann rappelt's.
5. Lern du lieber deine Vokabeln.
6. In einer Stunde frage ich die Lateinvokabeln ab.
7. Singen kannste – setz mal für Mathe deine Kreativität ein.

8. Laß Vati in Ruhe.
9. Hilf mal dem Papa im Garten.
10. Sei ruhig, Papa schläft (aber der darf schnarchen, dass man sein eigenes Wort nicht versteht).
11. Wart bloß, bis der Alte nach Hause kommt, dann kannst du was erleben.
12. Die nächste Telefonrechnung zahlst du von deinem Geld.
13. Jetzt spiele nicht den Hampelmann.
14. Lässt du die Finger von deiner Schwester.
15. Mach das aber nicht vor anderen Leuten.
16. Was sollen die Nachbarn denken?
17. Mach die Tür zu, wir heizen nicht für die Nachbarn.
18. Mach die Türe zu, hier zieht's wie in einem Vogelhaus.
19. Mach bitte die Tür zu, wenn du auf Toilette gehst.
20. Bist du ins Klo gefallen?
21. Nimm nicht so viel Toilettenpapier.
22. Du solltest doch um 7 Uhr zu Hause sein, jetzt ist nach halb Acht. Ich hab mir schon Sorgen gemacht
23. Geh mit dem Hund raus, DU wolltest ihn doch haben.
24. So lange du unter diesem Dach wohnst, hast du zu tun, was ich sage.
25. Ab in dein Zimmer.
26. Ab ins Nest.
27. Beine lang, Augen zu.
28. Mach das Licht aus.
29. Du bist doch auch nur noch zum schlafen Zuhause.
30. Rauch nicht im Schlafzimmer, beim Schlafen braucht man Sauerstoff.
31. Dreh die Heizung nicht so weit auf, wenn du schläfst.
32. Telefonier nicht so viel.
33. Als ich in deinem Alter war ...
34. Bin doch nicht eure Dienstspritze.
35. Du sollst dein Handtuch aufhängen, es trocknet doch sonst nicht.
36. Lies mal ein Buch (anstatt immer diese Comics).
37. Jetzt weht wieder ein anderer Wind.
38. Ab jetzt weht hier ein anderer Wind.
39. Es liegen schon ein paar Erfrorene auf der Straße herum (wenn man über die Kälte jammert).

40. Rin inne Kartoffeln, raus ausse Kartoffeln.
41. Ihr stellt einen immer vor vollendete Tatsachen.
42. Steh endlich auf, du verschläfst noch deinen Verstand.

MAMA – DIE GENERVTE

Alarmstufe Rot. Muttern ist die Hutschnur gerissen. Große graue Gewitterwolken ballen sich über unseren Seelen zu einem mächtigen Unwetter zusammen. Wie ein Derwisch fegt die „Grande Madame" von links nach rechts über die Bühne. Wohl dem, der jetzt eine Rückzugsburg hat, in der er zusammengekauert wartet, bis das Unwetter vorbeigezogen ist. Denn alles, was nicht niet- und nagelfest ist, wird von der wütenden Mutter in die Tiefe gezogen.

Dabei waren wir doch alle so lieb, oder? Wieso explodiert sie denn gleich, wenn man seine Fischstäbchen mit der Gabel zu einem homogenen Brei zerdrückt oder den frisch gepflückten Nasenpopel auf den Tisch legt, um ihn nach dem Essen genau zu inspizieren? Mütter sind eben nicht belastbar.

Frag nicht „wieso"

„Du weißt genau, was du angestellt hast." So endet der Spruch fast zwangsläufig. Es scheint eben so, als wenn Fernsehen doch klug macht – zumindest Mütter.

Der Spruch entlarvt den Täter auf klassische Weise. Die genießerische Überheblichkeit in Mamas Stimme sticht mitten ins Herz des Kindes. Ob er seine Mama etwa für blöd verkaufen wolle? „Natürlich nicht, aber ich dachte ..." „Du sollst nicht denken!" Volltreffer, soeben ist eine weitere Flanke ungeschützt getroffen worden. Wie unvorsichtig von dem Filius. Er setzt seine unschuldigste Unschuldsmiene auf, um wenigstens mildernde Umstände oder im Idealfall geistige Unzurechnungsfähigkeit attestiert zu bekommen. „Schau nicht so scheinheilig." maßregelt Mama. Geschlagen seufzt der Sohn und lässt kapitulierend die Schultern hängen. Auch diese Schlacht wurde verloren und damit der gesamte Krieg. „Ja, Mama, du hast ja recht, ich habe den Kaugummi unter den Esszimmertisch geklebt. Es tut mir leid." Also, warum nicht gleich so?

Putz dir mal die Nase

Irrsinnig spannend der Film. Oh Mann, ausgerechnet jetzt beginnt die Nase zu laufen. In Ermangelung eines Taschentuches scheint Nase Hochziehen der Lösung erste Wahl. Ganz leise, dass es Mama nicht merkt.

Aber die Nase produziert mehr Nass, als durch leises Hochziehen abtransportiert werden kann. Ein ernsthaftes logistisches Problem. Jetzt rettet nur noch ein akustisches Wunder. Papa hustet von Rechtsaußen. Zeitsynchron startet ein Nase Hochziehen von der linken Flanke. Sekunden der Ruhe. Scheint gut gegangen zu sein. „Kind, nimm ein Taschentuch und putz dir die Nase." Mist, die Strategie war definitiv die richtige, aber Mama hat eben Luchsohren. An der Ausführung muss noch ein wenig gefeilt werden. In zehn, zwanzig Jahren sollte es dann aber perfekt funktionieren, dann lässt Mamas Gehör langsam nach.

Gib deinen Geschwistern auch was ab

Eine Tüte Schokoriesen von Opa. Ganz für mich alleine. Begierig grapschen meine kleinen Kinderhände nach den braunen Glücklichmachern. Nichts wie weg mit der Beute in mein Zimmer. Ich verschmelze mit meinem Schatten, als ich eng an die Wand gepresst durch den Flur tipple. Eben noch an der Küche vorbei. Mama steht glücklicherweise mit dem Rücken zur Tür – kann mich nicht sehen. Ein letzter Riesensatz und ich bin in meinem Reich. Nachdem die Tür geräuschlos geschlossen ist, atme ich durch und lege mich erwartungsvoll auf den Boden. Und mit dem inneren Gefühl tiefster Glückseligkeit vertilge ich einen Riesen nach dem anderen. „Sveheeen?" Oh Gott, mein Bruder droht mit Kommunikation. „Was machsten du?" So gelangweilt und gleichgültig wie eben möglich antworte ich „Och, ich liege hier nur so rum und tue nicht." Die Tür springt auf „Na super, dann können wir ja spielen." „Genau" denke ich „wir spielen ´Bruder liquidieren´." Die großen Augen meines Bruders fixieren die Tüte mit den Schokoriesen. „Wow, cool. Krieg ich einen?". „Nö!". In der Kürze liegt die Würze. Sauberer Schnitt ohne Narbe und Blut, denke ich. „Mamaaaa, der Sven gibt mir nichts von seinen Bonbons ab!" Mein Bruder rennt weinend in Richtung Küche. Warum nur ist Gott so ungerecht? Andere dürfen doch auch Einzelkind sein.
Weiter komme ich nicht. Meine Zimmertür fliegt auf und Mama steht in der Tür, Halsschlagadern wild pulsierend, den Finger drohend in meine Richtung ausgestreckt. „Mum! Mit nackten Fingern zeigt man nicht auf angezogene ... hey, das ist meine Tüte." Mit ihren Krakenarmen hat sich meine Mama der Bonbontüte bemächtigt. „Gib deinen Geschwistern gefälligst auch was ab, du Egoist!"

Hinter ihrem Rücken erscheint die Fratze meines Bruders, die Zunge bis zum Hals rausgestreckt. Für einen Augenblick wünschte ich, aus meinen Fingern würden Pistolenläufe wachsen, aus denen 9mm-Salven für Gerechtigkeit sorgten.

Ohnmächtig vor Wut starre ich zu Boden. Mein Bruder, der Schuft, zieht triumphierend eine volle Hand Schokoriesen aus der Tüte und verschwindet in seinem Zimmer. Elende Hyäne! Das hole ich mir von deiner Erbschaft wieder, das schwöre ich dir!

Hör auf zu quengeln, sonst versohle ich dir den Hintern

Es ist 18.00 Uhr. Meine Mama ist mit mir einkaufen. Wir hetzen von einem Laden in den nächsten. Ich soll schöne neue Halbschuhe bekommen, einen neuen Acrylpulli in poppigen Farben und eine schnieke Cordhose, damit ich „wieder auf die Menschheit losgelassen werden kann" (Mama 3,14). Die Sonne scheint an diesem herrlichen Junitag und alle mein Freunde sind beim Fußballspielen. Ich aber soll heute des C&Aisers neue Kleider bekommen. Durch gezielte Störmanöver versuche ich, meine geliebten Nike-Treter vor der Altkleidertonne zu bewahren und täusche eine Blutblase unter der rechten Ferse vor. Blutblasen, insbesondere eingebildete, tun höllisch weh. Mein Schritt wird langsamer und ich muss humpeln. Mama durchschaut mich und zischt „Je mehr du rumbockst, desto länger dauert's." Die Schmerzen sind wie weggeblasen.

Mein Hirn findet jedoch blitzschnell eine neue Strategie. Im C&A angekommen, beginne ich einen Sitzstreik. Sollen ruhig alle über mich stolpern. Dann nehmen sie vielleicht endlich mal das Unrecht dieser Welt wahr. Der Sitzstreik geht als kürzester seiner Art in das Guiness-Buch der Rekorde ein. Ganze zehn Sekunden gelingt es mir, mit langem Gesicht und gekreuzten Armen und Beinen auf dem Gang des Kaufhauses zu kauern, ehe mich ein Arm mit unvorstellbarer Kraft nach oben zieht und wortlos auf die Füße stellt. Das Gesicht, zu dem der Arm gehört, kommt mir bekannt vor – sehr bekannt. Die Mimik dazu auch. Sie will sagen „Freundchen, treib´s nicht auf die Spitze!". Ich gebe mich geschlagen. Aber in mir wächst dieses unbändige Gefühl des Trotzes. Ich will keine Streber-Schuhe, keinen noch so modischen Pulli und Cordhosen sind überhaupt das letzte.

Wir kommen an den Schuhregalen an. Mit traumwandlerischer Sicherheit zieht meine Mutter das spießigste Paar Lederschuhe aus dem Regal, schaut verzückt auf den Preis und wickelt mir das tote Tier um die Füße. „Voilà! Ist das nicht ein gaaanz toller Schuh?" „Gipsbeine sind schöner." Ich verfolge konsequent die Eskalationsstrategie. Jeder mir an den Fuß geschnürte Schuh wird mit vernichtenden Kommentaren wieder in das Schuhregal verbannt. Mit jedem neu zu bringenden Schuh wächst der Zorn und die Ungeduld meiner geliebten Mutter – und meiner auch. Es kommt wie es kommen muss. Nach Schuh Nummer Zwölf nörgle ich „Oh, Mama, die Schuhe hier sind alle Mist, ich will meine Nikes behalten." Mit blutunterlaufenen Augen beugt sich meine Mutter zu mir kleinem Würstchen herunter. Ihr Kopf verdeckt die Deckenbeleuchtung des Kaufhauses wie der Mond die Sonne bei einer Finsternis – so nah ist sie. Aus ihren

Mundwinkeln zischt „Hör jetzt endlich auf zu quengeln, Kind, sonst versohl ich dir vor versammelter Mannschaft hier den Hintern, klar?" „Sonnenklar Mama. Zeig noch mal die letzten Schuhe, die waren bei genauem Hinschauen eigentlich gar nicht so schlecht. Ich glaub die nehmen wir einfach, ok?"

Ich schieß dich gleich auf den Mond

Schon sehr früh werden Kinder mit dem Mond konfrontiert. Zuerst in Form von Märchen. Hier fällt mir spontan die Geschichte des „Kleinen Häwelmanns" ein, meinem Namenspatron.

An dieser Stelle möchte ich nicht verschweigen, dass ich über ein bibliothekgroßes Regal verfüge, in dem ich geschätzte zweitausend Exemplare dieses Märchens archiviere. Viele meiner Freunde hatten die irrsinnig kreative Idee, mich zu Wiegenfesten und zu Weihnachten mit dieser schönen Literatur zu bedenken. Immer wieder eine grandiose Idee gewesen – meine Freude nahm verständlicherweise ein wenig ab mit den Jahren. Heute erwäge ich ernsthaft die Eröffnung eines Theodor-Storm-Museums in meinem Arbeitszimmer.

Zurück zum Mond. Das erste spielerische Kennenlernen mit dem gelben Rund weicht dem Schimpfsatz „Wenn du nicht gleich ruhig bist, dann schieß ich dich auf den Mond." Meine Trotzreaktion damals war „Tu es doch, dann bist du mich endlich los ..." den Rest „ ...und ich habe meine Ruhe." dachte ich mir.

Amerikanische Wissenschaftler haben in einer aufwendigen Studie herausgefunden, dass überdurchschnittlich viele Jungs im Alter von sechs bis zwölf Jahren den Berufswunsch Astronaut haben. Scheint mir logisch. Es ist der tiefe Wunsch der Männer, nicht permanent von Frauen verbal penetriert zu werden. Der Mond ist ruhig, man ist unter Männern, man hört die keifende Mutter nicht mehr. Gäbe es bereits Farbfernseher, Fußballstadien und Burger King da oben, wären sicherlich schon drei Viertel der Jungs und Männer in dieses Paradies entflohen.

Ab ins Bett

Und wieder sitzt die junge Familie vor der Flimmerkiste. Es ist Mittwoch und um Viertel nach acht kommt ein Fußballspiel. Die Deutschen kämpfen um die WM-Teilnahme in Argentinien. Wenn ich das nicht ansehen darf, um seelischen Beistand zu leisten, dann werden die ausscheiden. Verdammt, die brauchen mich. Es ist meine vaterländische Pflicht, den Elfen zuzuschauen, wie sie den Ball ins gegnerische Tor zaubern. Und außerdem bin ich ein Mann. Punkt.

Zehn vor sieben. Meine Vorbereitungen beginnen. „Ich mach heute mal das Abendessen." Bewundernder Blick von Mama. 1:0. Am Tisch reiche ich galant die Butter von links nach rechts, belege mein Brot sparsam mit Schinken und wache darauf, dass alle Familienmitglieder genug Milch im Glas haben. Wir reden Belangloses über das Salt II-Abkommen und den kontempleralen Imperativ von Manuel Kant – oder so was. Mit weltmännischer Miene und frisch gekämmten Haar nicke ich hier und da wohlwollend und streue weise Sätze wie „Sehr interessanter Denkansatz, Mama. Ich denke auch, die Wahrheit liegt in der Mitte." ein.

Das Abendessen wird ein Fest der Harmonie und die Familie begibt sich gesättigt vor das mediale Tor zu Welt. Verstohlen blicke ich auf die Wanduhr. Halb Acht. Gerne hole ich Nüsschen, Cola und ein Bier für meine geliebten Eltern. Sie sollen es sich ruhig schon einmal bequem machen.

Die Landesschau und Tagesschau verlaufen erfreulich unkompliziert. Zwei, drei RAF-Anschläge, in Schmiergeldaffären verwickelte Politiker in dicken Hornbrillen und ein klitzekleiner Salmonellenskandal stimmen uns auf einen großen Fernsehabend ein.

In mir steigt die Spannung. Gleich kommt das Wetter und dann entscheidet sich mein weiteres Leben. Für gewöhnlich muss ich nach der Tagesschau ins Bett. Nicht so heute. Papa schaltet auf Fußball. Dirty Harry kommentiert – meine ich zumindest in meiner verklärten Erinnerung. Hat schon je ein anderer Reporter Länderspiele kommentiert? Na ja, egal. Die Mannschaften laufen jedenfalls auf das saftige Grün, es erschallen die Nationalhymnen. Mein rechtes Schussbein kribbelt nervös. Ich atme tief durch – und errege die Aufmerksamkeit meiner bis dahin geliebten Mutter. „Wann hast du morgen eigentlich Schule?" Mein Hals zieht sich zu, kalter Schweiß schießt aus den Achselhöhlen. „Auch wieder um Viertel vor acht?" So gleichgültig wie es geht murmle ich ein „Jo, aber morgen ist nichts los." „Na und?" Die Stimme meiner Herrin erhebt sich. Mist! „Mama, nur die erste Halbzeit, bitte!" „Nein!" „Warum denn nicht?" „Diskutier nicht mit mir rum. Du hast morgen zur ersten Stunde Schule." „Auch nicht bis zum ersten Tor?" (zur Erklärung für die jüngere Generation: es gab einmal eine Epoche im deutschen Fußball, in der die Kicker nicht den ganzen Tag damit verbrachten, ihre Millionengagen intelligent auf den Banken dieser Welt anzulegen, sondern tatsächlich auf dem Fußballplatz trainierten – und deswegen zwangsläufig erfolgreichen und torreichen Fußball spielten).

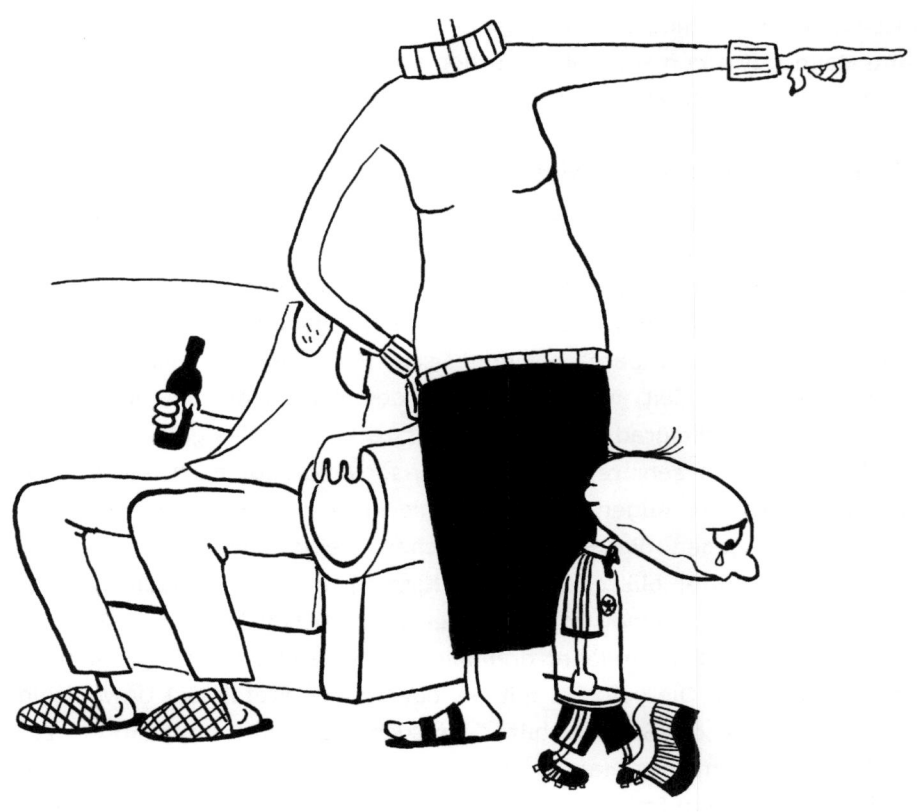

„Kihiind!?" Zwei Paar stahlblaue Augen wollen mich töten. Mein Tränenausbruch dauert keine Minute. Ein flehender Blick Richtung Dad. Der zuckt nur wehrlos mit den Schultern. Ich sammle alle meine Kraft. Es geht um den Endsieg. Mein kleiner Mund öffnet sich, ich hole tief Luft. "Ab ins Bett jetzt, ohne wenn und aber." Bautz. Das war´s dann wohl. Ende der Vorstellung. Tschüss ihr Rummenigges dieser Welt. Lebt wohl.

Die Nacht war fürchterlich, am nächsten Morgen verschlinge ich den Sportteil der Zeitung. Deutschland hat verloren. Ein zufriedenes Lächeln huscht über mein Gesicht. „War ein grauenhaftes Gebolze." Mein Vater schlurft verquollen aus dem Schlafzimmer. Späte Genugtuung für mich. Der liebe Herrgott ist eben doch gerecht. Hätte mich Mama mal gucken lassen, wäre ein Sieg für die Bundesbuben herausgesprungen. Aber da wird Helmut Schön meiner Mama schon noch die Leviten lesen, da bin ich mir sicher. So leicht kommt Mama nicht davon.

Geh endlich zum Frisör

Tatsächlich ist bis heute nicht überliefert, ob Mädels diesen Spruch auch zu hören bekommen – mir zumindest nicht. Ich hörte ihn hingegen in regelmäßigen Abständen während meiner Pubertätszeit.

Ich kann meinen Kalender danach stellen. Punktgenau nach zwei Monaten kommt das Thema „Haare" auf den Tisch. Meine Jugend fällt unglücklicherweise in eine Zeit, in der die Länge des Haupthaars als ein Symbol für den Rebelligkeitsgrad des darunter versteckten Kopfes gilt.

Ich halte mich für sehr rebellisch. Der Frisör empfängt mich mit eisigem Schweigen. Unsere Augen treffen sich nie in meiner zehn Jahre dauernden Intifada gegen die Scherenmenschen. Feinde begrüßt man eben nicht. Meine Mutter blättert in einem Katalog mit Modellvorschlägen für moderne Frisuren. „Schau mal hier, der ist doch süß." ruft sie entzückt. Ein gelacktes, völlig verwöhnt dreinblickendes Teenie-Modell grinst mich schwarz-weiß an. Die gefönte, mit Gel überzogene Fratze löst Unwohlsein in mir aus. „Nur die Spitzen, bitte." versuche ich den Kampf um die zukünftige Länge meines Haares kurz zu halten. „Nein, nein, machen sie ruhig mal die Ohren frei, der hört ja nichts mehr. Und der Pony kann auch mal richtig gestutzt werden, damit mal Luft an die Pickel kommt." Na klasse, besten Dank. Als Kriegsgefangener kann man sich wenigstens auf die Genfer Konventionen berufen. Als Sohn hat man weniger Mitspracherecht als eine Kellerassel. „Hör zu Mama, ich habe so hässliche Ohren, die müssen einfach bedeckt sein." „Nein mein Kind, du hast die klassische ägyptische Nase und die dazu gehörigen schönen Ohren von mir." „Ich

will die Ohren aber bedeckt haben und den Pony über die Augenbrauen."
Mama verliert die Geduld. Sie nestelt in ihrer Handtasche und zieht ihren
Lippenstift heraus. Ihr Gesichtsausdruck hat von Sonnenschein auf Gewit-
terregen umgestellt. Mit der Linken packt sie mein Ohr, mit der Rechten
zieht sie mit dem Lippenstift eine horizontale Linie oberhalb des Ohrläpp-
chens. „Hier abschneiden." raunzt sie den völlig konsterniert blickenden
Frisör an. „Aber an der Unterkante des Strichs entlang, bitte." versuche
ich das Minimum noch herauszuschlagen. Der genervte Blick von Mama
gibt mir den Rest. Ich gebe auf und erliege wenig später meinen offenen
Wunden am Haupthaar.
Der Protest hat im übrigen mittlerweile ein Ende gefunden. Ich habe mir
vor wenigen Monaten einen sportlichen Kurzhaarschnitt zugelegt. Vier
Millimeter rundherum. Die Idee kam mir, als ich beim Frisör einen Modell-
Katalog durchblätterte. Meine Mutter begrüßt mich seitdem jedes Wochenende mit dem Spruch „Och Kind, lass dir doch mal wieder die Haare
wachsen." Die Zeiten ändern sich.

Du stinkst ja wie ein Brauereipferd

Es war ein wunderbarer Abend. Meine Jungs und ich haben mal wieder
ordentlich gezecht. Männergespräche: wie ich Tina wohl am besten
mitteile, dass sie mit mir ausgehen muss, warum das Weltall tatsächlich
expandiert und ob wir wohl dieses Jahr die Schulmeisterschaft im Fußball
gewinnen.
Beseelt und glückselig treten wir den Heimweg an. Mit einem „War echt
ein geiler Abend, ciao!" entlassen mich meine Freunde an der Haustür.
Ein Blick auf die Uhr zeigt elf. „In time", denke ich. Mama hat das Limit
von elf Uhr vorgegeben. Pünktlich öffne ich die Haustür und schreite ein.
„N´abend allerseits." begrüße ich meine Mutter, die noch die Spätnach-
richten schaut. Sie schaut verdattert hoch. „Wen meinst du mit
´allerseits´?" Na ja, Mama schaut kein Fußball im Fernsehen. Sie kann
mein feines Wortspiel nicht erkennen. Nicht jeder kennt Heribert Fass-
bender.
In einem Anflug von Mitleid beuge ich mich über meine geliebte Mama
und hauche ihr einen Kuss auf die Stirn. Sie soll teilhaben an meinem
kleinen Glück. „Du stinkst wie ein Brauereipferd!" Aufschlag-Ass. Der
sitzt. Angewidert wendet sie sich ab. Bin ich ein schlechterer Mensch, nur

weil ich dem Gerstensaft gefrönt habe? Einem so göttlichen Getränk, das uns einst die Mönche erfanden? Nun gut Mama, du hast es eben heute Abend nicht verdient, meine Liebe zu teilen. Ich gehe auf mein Zimmer und entschwinde in einen langen traumlosen Schlaf.

Die Enzyklopädie der genervten Mama:
130 gerissene Hutschnüre in loser Folge.

Kurz und knapp
1. Du hast ja wohl´n lütütüt.
2. Du hast se ja wohl nicht mehr alle.
3. Ihr seid wohl nicht ganz bei Trost.
4. Du bringst mich zur Weißglut.
5. Wie sieht's denn hier schon wieder aus?
6. Aber sonst geht's euch gut?
7. Ich glaub, jetzt hackt's.
8. Treibt's nicht auf die Spitze.
9. Dazu fällt mir nix mehr ein.
10. Hast du so was schon gesehen?
11. Also so was hab ich noch nicht erlebt ...
12. Wenn du nicht bald aufhörst, kriegst du kein Taschengeld mehr.
13. Das kommt aber nicht in Frage.
14. Da hast du dich aber geschnitten.
15. Komm mir nicht auf die Tour.
16. Ab ins Bett.
17. Jetzt riskier mal nicht so 'ne dicke Lippe.
18. Keine Diskussion.
19. Red nicht dazwischen.
20. Red nicht zurück.
21. Ich will jetzt nichts mehr hören.
22. Da will ich jetzt aber nichts mehr hören.
23. Jetzt ist endlich Ruhe im Hasenstall.
24. Jedes Mal das gleiche Theater.
25. Herrschaftszeiten.
26. Gib jetzt Ruhe.
27. Ruhe jetzt.
28. Quatsch nicht kariert.
29. Widersprich nicht dauernd.
30. Lange schau ich mir das nicht mehr an.
31. Ich zieh dir gleich die Hammelbeine lang.

32. Ich seh wohl nicht richtig.
33. Ich zähl bis drei.
34. Ich mach gleich mit.
35. Keine Widerrede.
36. Werd nicht patzig.
37. Jetzt werd mal nicht übermütig.
38. Jetzt wird's mir langsam zu bunt.
39. So, jetzt ist Schluss.
40. Dann ist das Geschrei wieder groß.
41. Jetzt langt's aber.
42. Da hört sich ja alles auf.
43. Da könnt ja jeder kommen.
44. Wenn du das noch mal machst, kommst du ins Internat.
45. Finger weg.
46. Ich hab nein gesagt, und dabei bleibt´s.
47. Lies es von meinen Lippen: N-E-I-N.

Alarmstufe Rot

1. Gleich werde ich aber stinksauer.
2. Gleich reißt mir aber der Geduldsfaden.
3. Ich zieh dir den Hosenboden straff.
4. Ich nehm dich gleich am Kanthaken.
5. Ich trete dir gleich 'ne Wendeltreppe in den Hals.
6. Gleich setzt es ein paar.
7. Sapperlot, dir Fratz werd ich schon noch Mores lehren.
8. Also gleich knallt mir´n Draht aus dem Schlüpfer.
9. Kriegst gleich ´nen Karnickelfangschlag.
10. Wenn du nicht gehorchst, brennt hier gleich die Luft.
11. Wenn du nicht gleich aufhörst, boxt hier gleich der Papst.
12. Wenn Du da runterfällst, kriegst du von mir grad noch eine gelangt.
13. Mir rutscht gleich die Hand aus.

14. Gleich klatscht es, aber keinen Beifall.
15. Du kriegst gleich eine, dass du meinst, ein D-Zug hat dich gestreift.
16. Wir beide werden gleich mal Schlitten fahren (im Sommer).
17. Ich vermöble dich gleich vor allen Leuten.
18. Hör auf zu quengeln, sonst versohl ich dir vor versammelter Mannschaft den Hintern (Quengelware im SB-Kaufhaus).
19. Also manchmal könnt ich dir links und rechts ...
20. Dann raucht's aber gewaltig im Ofen.
21. Gleich rauscht's (bzw. rappelts aber) im Karton.
22. Schnauze, sonst ist hier gleich „Rythmus-Bambus"
23. Hör auf zu heulen, sonst geb ich dir ´nen Grund.
24. Ungeliebtes Kind
25. Ich kann gar nicht verstehen, dass dich jemand mag.
26. Wir wollen doch mal sehen, wer am längeren Hebel sitzt.
27. Heul ruhig, dann musst du einmal weniger aufs Klo.
28. Du bist wirklich ein blödes Kind.
29. Du bist doch eine Schlampe.
30. Du hast doch das Salz in der Suppe nicht verdient.
31. Das nächste Mal tausche ich die Schlösser aus, wenn du weg bist. Dann kannste mal sehen, wie du rein kommst.
32. Mit 18 fliegst du raus.
33. Ich wünsche euch, dass ihr mal Kinder habt, die genauso schlimm sind wie ihr.
34. Ich hoffe, du bekommst später mal ein Sohn / eine Tochter die genauso wird wie du.
35. Ich könnte dich auf den Mond schießen, aber ohne Rückfahrkarte.

Mach dies und das

1. Wenn du meinst, dass das richtig ist, mach das ruhig ...
2. Du wirst schon sehen, was du davon hast.
3. Mach das, aber fix.
4. Wird's bald?
5. Mach endlich weiter.
6. Von selbst macht sich's nicht.
7. Mach die Musik leiser, wir sind doch hier nicht in der Disco.
8. Mach den Ton aus, Mama muss telefonieren.

9. Mach das Fenster auf, hier stinkt's wie in einem Negergral.
10. Mach die Klotüre hinter dir zu.
11. Wenn ihr jetzt nicht sofort mit euren Hausaufgaben anfangt, dann gibt's ab morgen Wasser in der Suppe und ihr geht barfuss ins Bett.
12. Ausziehen, waschen und ab ins Bett.
13. Halt still.
14. Dalli jetzt.
15. Zieh die Schuhe aus.
16. Finger aus dem Mund.
17. Finger aus der Nase.
18. Hände auf den Tisch.
19. Trink deine Milch.
20. Gib deinen Geschwistern auch was ab.
21. Schaff deine Schwester in den Kindergarten.
22. Hemd in die Hose.
23. Zieh dir was anderes an.
24. Geh zum Frisör.
25. Geh mir aus den Augen.
26. Kämm dich.
27. Putz dir mal die Nase.

Lass dies und das

1. Schnief nicht so.
2. Schlurf nicht so.
3. Rotz nicht herum.
4. Nicht kratzen, waschen.
5. Dusch nicht so lange.
6. Hampel nicht so rum.
7. Leck das Messer nicht ab.
8. Hau deine(n) Bruder / Schwester nicht immer.
9. Lass das da liegen, wer weiß, wer das schon angefasst hat.
10. Stütz doch nicht immer die Ellenbogen auf.
11. Lass die Katzen in Ruhe.
12. Steht da nicht so rum wie die Ölgötzen.
13. Lauf nicht auf Socken rum, ich stopf die nicht wieder.
14. Jetzt stell dich nicht so an.

15. Frag mich nicht dauernd solche Löcher in den Bauch.
16. Frag nicht, wieso. Du weißt ganz genau, was du angestellt hast.
17. Ich hab gesagt, du sollst deine Wichsgriffel da weglassen.
18. Jammern kannst du woanders.
19. Treib es nicht auf die Spitze.
20. Das macht man nicht.
21. Was andere machen (bzw. dürfen) interessiert mich nicht.

Ein deutliches Wort zur rechten Zeit

1. Und sag nachher nicht, ich hätte dich nicht gewarnt.
2. Wenn ich spreche, hast du ruhig zu sein.
3. Wenn du da runterfällst , gibt es noch ´nen Arsch voll dazu.
4. Wenn deine Noten nicht besser werden, geb ich dich auf die Realschule.
5. Wenn du da nicht selber draufkommst (wenn man fragt was man falsch gemacht hat).
6. Erst hast du ne Klappe wie ne Zwölfjährige, dann benimmst du dich wieder wie ein Baby.
7. Hoffentlich verbrennst du dir dabei die Finger.
8. Das hast du nun davon.
9. Das kannst du zu deinen Konfiefchen sagen.
10. Das kannst du jemandem erzählen, der sich den Hut aufschraubt.
11. Das kannst du einem erzählen, der die Hose mit der Beißzange (Kneifzange) hochzieht.
12. Komm du mir nach Hause ...
13. Dann kommst du eben nicht mit und bleibst allein zu Hause.
14. Heut bleibste mal mit deinem Arsch zuhause.
15. Du stinkst schon wieder wie ein Brauereipferd.
16. Du glaubst wohl, du hast die Klugheit mit Löffeln gefressen?
17. Das glaubst du doch selber nicht.
18. Das hast du dir wohl so gedacht, mein Freundchen.
19. Das kannst du dir abschminken.
20. Du kannst mir mal den Buckel runterrutschen.
21. Du bist doch so ein faules, undankbares Miststück, ab morgen kochst du.
22. Du stinkst vor Faulheit! Ne, du bist zu faul zum stinken ...

23. Du kriegst ein eigenes Appartement, aber dein Freund zieht nicht ein.
24. Wird Zeit, dass du einen Job kriegst.
25. Kümmere dich um dich und nicht dauernd um die anderen.
26. Dass du dich nicht schämst.
27. Jetzt denk ein Mal nach.
28. Jetzt denk doch mal mit.
29. Dich haben doch die Trolle vor die Türe gelegt.
30. Mit den Klamotten lass ich mich nicht mit dir sehen.
31. Der Kerl ist zum Fressen zu faul.
32. Was euch fehlt ist Hunger.
33. Mit euch ist kein Blumentopf zu gewinnen.
34. Ihr seid unmöglich.
35. Immer diese Eselsohren in den Büchern.
36. Abends nicht rein und morgens nicht raus.
37. Typisch.

Das kostet Mama den letzten Nerv

1. Da könnte man genau so gut mit der Wand reden.
2. Das ist Teufelsmusik.
3. Oh Gott, die neue Hose (alternativ Jacke, Pulli, Hemd, ... wenn vollgekleckert oder kaputt).
4. Und ich muss es dann wieder waschen.
5. Bescherung ist erst nach der Kirche.

MAMA – DIE FÜRSORGLICHE

Manchmal zeigt Mama sich von einer ganz anderen Seite. Dann ist sie bekümmert, weil sie sieht, dass es ihren Kindern schlecht geht oder weil sie die Kleinen vor Schaden bewahren will. Wie viele Nächte haben die liebenden Mütter schon wach im Bett gelegen und gewartet, bis sich endlich der Haustürschlüssel im Schloss dreht? Endlose Blicke auf die Uhr bis endlich die Tochter zu Hause ankommt. Ihr scheint nichts passiert zu sein. Ein liebevolles „Da bist du ja. Ich haben mir schon Sorgen gemacht." begrüßt die Tochter. Die Antwort der Tochter hört Mama schon nur noch im Halbschlaf. Hauptsache, die Kleine ist zu Hause.

Euch soll es doch mal besser gehen als uns früher

Mama sitzt bei mir im Zimmer. Mein Reich ist so groß, dass man mit einem Pferd geschlagene drei Tage braucht, um von einem Ende zum Anderen zu galoppieren. Die Regale sind vollgestopft mit Dutzenden von He-Man-Figuren, ich besitze die komplette Lego-Technik-Edition und unten steht mein nagelneues Peugeot-Fahrrad in der Garagenauffahrt, als Mutter, ihren Kopf in die Hände gestützt, auf meinem Bett mit original Bayern-Bettwäsche sitzt. Ich verstehe Mama nicht. Mir geht es doch jetzt schon blendend. Natürlich kann man immer noch mehr haben, aber was brauche ich noch? Meine geliebte Mama hat Angst, dass es uns nicht gut genug geht. Ich nehme sie in den Arm und sage: "Mama, mir geht´s doch super." "Ach, weißt du ..." und dann beginnt der Vortrag über die Schrotsuppe, die es früher im Krieg gab. Brote zum Essen gab es nicht, dafür um so mehr Brotrinde. Zum Abendessen gab es nur Milchsuppe und man hatte nur einen Ofen, der die ganze Wohnung heizte. Man teilte sich das Zimmer mit den drei anderen Geschwistern und am Sonntag Morgen ging die ganze Familie in die Kirche. Nur Mama blieb zu Hause und bereitete das Mittagessen vor.

Was ich von Papa gehört habe, war das allerdings ein sehr klug eingefädeltes Arrangement. Um Großmama nicht in der Küche beim Zubereiten des Sonntagsmahls helfen zu müssen, ging Großpapa mit seinen Kindern sonntags in die Kirche. Sobald die Größte alt genug war, wurde nach dem Kirchgang für die gesammelte Kinderschaft Verwandtenbesuch bis zwölf

Uhr angeordnet. Großpapa allerdings ging in der Zwischenzeit mit seinen Freunden in die Kneipe zum Frühschoppen. Einen Halben, ein Korn, einen Halben, ein Korn. Das ganze Spiel bis zwölf Uhr. Danach trudelten Großpapa und die Kinder zur gleichen Zeit wieder zu Hause ein. Das Essen war fertig, Großpapa schaufelte volltrunken den Sauerbraten in sich hinein und verabschiedete sich zum Mittagsschlaf. Abwaschen war Kindersache.

Bei genauerem Betrachten könnte mir die Rolle des Großpapas auf Dauer durchaus sympathisch werden. Warum sollte es uns besser gehen als unseren Müttern und Vätern früher? So richtig schlecht war das an der ein oder anderen Ecke doch gar nicht, oder?

Ruf an, wenn ihr da seid

Ein Dinosaurier unter den Sprüchen, ein Fossil, das uns bis heute erhalten geblieben ist. Diesen Spruch hörte ich, als ich mich zum ersten Mal für mehr als einen Tag von zu Hause verabschiedete. Ich muss zirka acht Jahre alt gewesen sein, als ich bei meinem Freund übernachtete. Dieser Freund wohnte bei mir im Haus. Unsere Familie wohnte zu dieser Zeit in einem Hochhaus. Nachdem ich die sieben Etagen mit dem Lift hinabgeschwebt war, rief ich meine Mutter aus der Wohnung meines Freundes sogleich an. Ihre Erleichterung war groß.

Noch heute gehört es zum Standard unseres Abschiedsrituals, dass ich „nur mal kurz durchrufen" soll, wenn ich da bin. Im Zeitalter des Handys fällt es mir heute erheblich schwerer, die Ausrede mit der Abgeschiedenheit des Urlaubsortes und dem daraus resultierenden Mangel an Telefonzellen vorzubringen. Ich bin heute nahezu Mitte Dreißig und habe mir geschworen, meinen Kindern niemals diesen Spruch mit auf den Weg zu geben. Ein schier uneinhaltbares Versprechen, fürchte ich. Die einzige Chance ist: ich bleibe kinderlos.

Du kannst mit mir über alles reden

Der erste Liebeskummer. Zarte dreizehn Jahre alt, entdecke ich die Liebe. Sie ist unendlich groß, niemals endend und zwei Tage später sitze ich heulend am Küchentisch. Meiner Mama zerreißt es schier das Herz. Liebevoll nimmt sie mich in den Arm und tröstet mich. „Andere Mütter haben auch schöne Töchter." Ein zweiter Top Mama-Spruch, der hier auf gar keinen Fall unerwähnt bleiben darf. Hiervon gibt es weitere, sehr kreative Varianten, wie zum Beispiel: „Man muss viele Frösche küssen, bis man einen Prinzen findet." Diesen Spruch sollten Mütter allerdings vorwiegend ihren Töchtern vorbehalten. Bei Söhnen hat das eventuell unbeabsichtigte Nebenwirkungen. „Ihr habt eh nicht so richtig zusammengepasst." ist eine weitere vielzitierte Weisheit von Mama in diesem Kontext. Nicht eben tröstend, wenn man gerade Cindy Crawford verloren zu haben glaubt. Nun, zurück zu unserem ersten Liebeskummer.

„Ja, Mama, aber ich liebe nur sie und es ist nicht so einfach wie du denkst." Sie nimmt meinen Kopf zwischen Ihre weichen, beschützenden Hände, gibt mir einen sanften Kuss auf die Stirn und lächelt mich an. „Sven, du weißt, du kannst über alles mit mir reden." Ich wische mir die Tränen aus dem Gesicht und sage: „Mama, ich hätte gerne mehr Taschengeld." Meine Mama schaut mich an, steht auf und geht wortlos aus der Küche.

Irgendwie habe ich sie wohl nicht richtig verstanden. Aber so ist das eben zwischen Männern und Frauen.

Zieh dir eine Jacke an, dir ist doch kalt

Ein lauer Sommerabend. Eine Balztour in die Innenstadt steht auf dem Programm. Das coole Sweatshirt für Unmengen von Geld inszeniert meinen Adoniskörper perfekt. Eng anliegend zeichnet es die Umrisse meines Waschbrettbauches ab. Ich schreite durch die Wohnungstür ins Freie und singe ein froh gelauntes „Ciao!" in Richtung Heimat.

Mama hetzt aus dem Dunkel des Wohnzimmers zu mir und schaut mich sorgenvoll an. „Kind, zieh dir doch eine Jacke an, dir ist doch jetzt schon kalt." „Nein, Mama, mir ist überhaupt nicht kalt. Es ist wirklich warm hier draußen." „Nein, Kind, du frierst doch jetzt schon."

Seit siebzehn Jahren höre ich mir das jetzt schon an. Und seit siebzehn Jahren schon habe ich Sinneszellen auf der Haut, die mir signalisieren, ob ich friere, ob ich schwitze oder ob ich wohltemperiert bin. Diese Sinneszellen funktionieren hervorragend, ich kann mich wirklich nicht beklagen. Das scheint Mama aber nicht davon abzubringen, in ihrer unendlichen Fürsorge darauf zu bestehen, dass ich mich jedes Mal, wenn ich aus dem Haus gehe, einpacke, als sei ich auf dem Weg zur Antarktis. Die Situation verlangt nach einem genialen Einfall.

„Ach was, Mama. Schönheit muss leiden." Den Gegner muss man mit den eigenen Waffen schlagen, das war ein typischer Mamas Klassiker. Mit einem Augenzwinkern lasse ich meine völlig verdutzte Mama im Türrahmen stehen und schwinge mich auf mein Fahrrad Richtung Stadt.

Zieh dir ordentliche Unterwäsche an

Ein eher geschlechtsspezifischer Spruch. Auf Nachfrage bei mehreren weiblichen Bekannten kam unisono die Antwort „Kenn ich." Mamas ergänzen sehr gerne noch so etwas wie „Du könntest einen Unfall haben, was sollen denn dann die Ärzte von dir halten?" Es scheint Müttern immens wichtig, dass ihre Tochter einen sauberen Eindruck auf dem OP-Tisch macht. Die Begründung hierfür scheint trivial. Jede Mutter möchte ihre Tochter gewinnbringend bei einem Mann platzieren. Ärzte wiederum haben im Ansehen der Deutschen neben Rechtsanwälten und Formel1-Fahrern das höchste Ansehen. Mutter hofft also insgeheim, dass ihrer Tochter in der Vollnarkose der Traummann erscheint.

Pragmatischer wäre der Spruch eigentlich samstags abends vor dem Gang der Tochter in die Disco. Rein statistisch gesehen ist die Wahrscheinlichkeit eines tolerierten Fremdzugriffes auf die eigene Wäsche dort wohl etwas höher, als durch widrige Umstände im Operationssaal zu landen. Bildhaft gesprochen: die Wahrscheinlichkeit, dass eine Tochter samstags einen Verkehrsunfall in der Disco hat, ist höher, als dass sie auf dem Weg dorthin oder auf dem Weg nach Hause einen solchen erleidet.

Jungs wie ich bekommen den Spruch eigentlich nur in der Version „Junge, wie lang hast du denn diese Unterhose jetzt schon an?" zu hören. Die Regelantwort lautet: „Knapp ´ne Woche, Mama." „Bah, du Stinktier. Wechsel sofort die Unterhose." In Siegerpose verkündet der mitteleuropäische Durchschnittsjunge dann meist: "Hab ich doch heute schon – von links auf rechts." Die darauf folgende Ohrfeige ist Kommentar genug. Männer sind eben Schweine.

Mach die Bluse zu, du erkältest dir deinen Charakter

Noch ein typischer Mädchenspruch. Das Mädchen reift zur Frau und erkennt Rundungen, die es vorher nicht gab. Recht bald lernen Frauen, dass sie damit den ein oder anderen Blick der anderen Gattung erheischen können. Besonders an Freitag- und Samstagabenden, wenn es ins Gefecht geht, heißt die erste Damenpflicht „Auffallen". Es gilt schließlich, die Schönste im ganzen Land zu sein. Zuerst müssen die Mitbewerberinnen ausgemeiert werden. Die Siegerin darf dann mit dem Brad-Pitt-Verschnitt aus der Parallelklasse wild rumknutschen. Die Regeln sind einfach und gelten in der gesamten Tierwelt – außer bei Müttern. Die haben natürlich nie um Papa gebuhlt und sind niemals in Stöckelschuhen, halboffener Bluse und kurzem Rock zum ersten Rendezvous stolziert. „Nein, weißt du mein Kind, früher haben die Männer um die Frauen gebuhlt."

Eine Rückfrage bei Papa bringt eine leicht andere Variante zu Tage. Er erzählt gerne von abgeknickten Pfennigabsätzen, mit Klebstoff geflickten

Nylonstrümpfen und hochtoupierten Haaren unserer Mutter „als sie noch jung war …"

Trink nicht so viel, wenn du fährst

Kombiniert mit „Komm nicht so spät nach Hause." und „Pass auf dich auf!" die absoluten Klassiker dieses Mama-Genres.

Hier zeigt sich die wahre, innige Liebe einer Mutter zu ihrem Kind. Immer besorgt, dass dem Küken nichts widerfährt, ist sie dauernd mit gutgemeinten Ratschlägen zur Stelle. Allerdings in einer Menge, dass ich mich so manches Mal frage, ob hier die ein oder andere Kompensation der eigenen Jugend stattfindet.

In meiner Kindheit hatten meine Eltern öfter zu Partys geladen. Viele Grufties im Alter von dreißig bis vierzig Jahren fanden sich ein. Es wurde herzlich gelacht, ausgiebig getanzt und ordentlich gezecht. Ungewollt wurde ich Zeuge einer Unterhaltung zweier männlicher Gäste. Sie schwelgten in Weinlaune von ihrer Jugend.

Es trug sich Wochenende um Wochenende zu, dass die Dorfjugend sich des Abends am Rathausplatz traf und bis tief in die Nacht zwischen Eisbar, Kino und dunklen Ecken der umliegenden Häuserfronten hin- und hertingelte. Die Jungmänner in Elvis-Gedächtnislocken schmissen eine Runde nach der anderen und knatterten zwischendurch mit ihren Mofas im Rund. Frisch verliebte Paare verschwanden in besagten Ecken und trieben Sachen, die man an dieser Stelle besser nicht erwähnt. Aber Mama und Großmama, die gerade so betreten auf den Boden schauen, werden sicherlich wissen, wovon ich gerade spreche.

Im Morgengrauen zerstreute sich die Gang und man fuhr sternhagelvoll mit seinem klapprigen Mofa gen Heimat. Natürlich lief einem der Polizeiwachtmeister über den Weg. Natürlich hielt er die Jungs an. Aber es blieb bei der Ermahnung „Jungs, schaut, dass ihr nach Hause kommt. Wir reden morgen nach der Kirche mal darüber!" Ich stelle mir vor, ich komme heutzutage in eine Verkehrskontrolle und der Polizist spricht diese väterlichen Worte zu mir. Geradezu amüsant!

Zuhause angekommen, stiegen die cleveren Jungs und Mädels durch das Zimmerfenster ein, damit Mama nichts mitbekam.

Ich war schockiert, als die Unterhaltung beendet war. Unsereins trinkt am Abend maximal zwei Bier, weil er noch fahren muss. Frauen werden in der Disco dezent angegraben und man verabredet sich auf einen Kaffee am nächsten Nachmittag. Und zum Nachhausekommen wird brav die Eingangstür benutzt.

Sollte nicht die Jugend von heute ihren Eltern die Sprüche mit auf den Weg geben statt anders herum?

Pass auf, es könnte glatt sein draußen

Es ist Spätherbst in Deutschland, die Bäume haben ihre Blätter in gelbe und rote Farbtöpfe getaucht. Die Morgensonne steht kalt und noch etwas müde am Horizont. Der sternenklare Nachthimmel hat ein zauberhaftes, seidendünnes Kleid aus gefrorenem Tau über die Wälder und Wiesen gehaucht. Ein traumhafter Sonntagmorgen. Voller Vorfreude ziehe ich die Winterschuhe und den Rollkragenpullover aus den hinteren Ecken meines Kleiderschrankes. Ich werde einen Freund besuchen, um zusammen mit ihm im frostig knisternden Laub des Waldes spazieren zu gehen.

Mama kriecht aus ihrem Bett und wundert sich über meine frühen Aktivitäten an diesem Sonntag. Beiläufig schaut sie aus dem Fenster. Ihr Blick erstarrt und besorgt ziehen sich ihre Augenbrauen zusammen. Gefrorener Tau plus Fußstapfen vor der Tür ist gleich Unfall, mehrfache Knochenbrüche und eventuell Tod durch Erfrierung. Sie wendet sich mit sorgenvoller Miene zu mir und zieht mir den Rolli bis über beide Ohren hoch. Danach schließt sie liebevoll meinen Anorak, dass es mir schier die Luft abschneidet. Ihre noch nestwarmen Hände streichen mir über das damals noch volle Haar. „Willst du wirklich raus bei dem Wetter?". „Aber Mama, es ist ein super Morgen. Ich will mit Markus spazieren gehen, den Herbst genießen." Meine Mutter spürt es. Sie kann mich nicht halten, aber ihre Sorgen sind mit mir. „Pass auf, es könnte glatt sein." Klar Mama, ich weiß, dass vor der Tür orkanartige Schneewehen meterhoch das Weiß aufgetürmt haben. Eisbären werden aus dem Carport hervorstürmen und mir nach meinem Leben trachten. Aber ich bin gewillt, den Gewalten zu trotzen, mich in die Gefahr zu begeben. Leb wohl schöne Welt, ich werde dich vermissen.

Ein Kuss auf die Stirn meiner geliebten Mama und ich schreite zur Tür. Vermutlich das letzte Mal in diesem Leben. Noch ein Mal drehe ich mich um und lächle meine Mama an, die sich kraftlos an einem Stuhl festhält.

Ich öffne die Tür und werde von einer frischen, friedlichen Natur begrüßt. Die Sonne wärmt meine Haut und das gefrorene Laub liegt wie ein von der Natur ausgebreiteter roter Teppich vor mir.

Zügig breche ich in Richtung meines Freundes auf. Wir wollen ja nicht unnötig Eisbären und Schneestürme wecken.

Die komplette Enzyklopädie der fürsorglichen Mama:

Mama hat über 70 Sorgenfalten auf der Stirn, jeder Spruch eine Falte.

Vorsichtig ist die Mutter der Porzellankiste

1. Vorsicht, heiß.
2. Fahr vorsichtig.
3. ... Und fahr vorsichtig.
4. Du fährst doch nachts nicht alleine mit dem Fahrrad nach Hause? Dann nimmst du dir ja ein Taxi?
5. Und denk dran: die anderen Autofahrer sind alles Idioten.
6. Pass auf dich auf.
7. Pass auf, es könnte glatt sein.
8. Pass auf dich auf. Du bist der Einzige, der immer bei dir ist.
9. Kind, das kann sooooo schnell gehen, glaub nicht, das kann dir nicht passieren.
10. Nimm das nicht auf die leichte Schulter.
11. Ich hoffe, da gibt es keinen Alkohol.
12. Trink nicht soviel, wenn du fährst.
13. Du fährst aber bitte nicht, wenn du getrunken hast.

Sorgen über Sorgen

1. Komm nicht so spät nach Hause.
2. Ich mach mir doch nur Sorgen.
3. Ich habe mir Sorgen gemacht.
4. Ich habe nicht schlafen können.
5. Läute bitte kurz durch, wenn du da bist.
6. Ruf an, wenn ihr da seid.
7. Ras nicht so. Macht mal Pause und ruft an, wenn ihr da seid.
8. Und denke dran, nachts ist es draußen dunkel.
9. Mach das Licht am Fahrrad an, wenn du nachts fährst.
10. Das kann aber ins Auge gehen ...
11. Wenn das man gut geht.

Es wird alles wieder gut

1. Na komm in meinen Arm, das kriegen wir schon wieder hin.
2. Dann wird alles besser.
3. Bis du heiratest, ist alles wieder gut.
4. Bist du heiratest, ist's wieder gut.
5. Ihr habt eh nicht so richtig zusammengepasst.
6. Die war sowieso nichts für dich, ich wollt's dir nur nicht sagen.
7. Man muss viele Frösche küssen, bis man einen Prinzen findet.
8. Andere Mütter haben auch schöne Töchter.

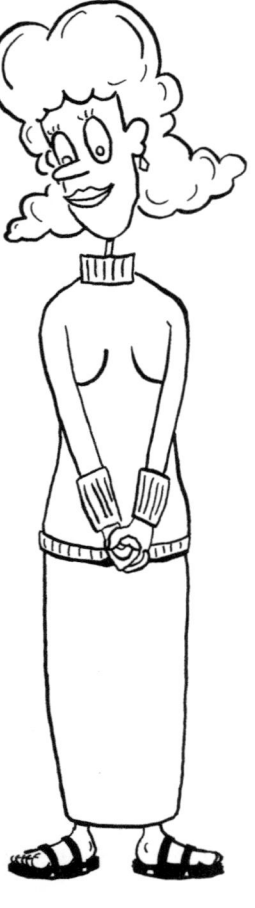

Wir wollen doch nur dein Bestes

1. Nimm besser den Schirm mit.
2. Setz dir die Mütze auf.
3. Zieh dich warm an.
4. Für kurze Hosen ist es doch noch viel zu kalt.
5. Schon wieder barfuss, Kind. Pass auf, dass du dich nicht erkältest.
6. Zieh dir ne Jacke an, dir ist doch jetzt schon kalt.
7. Kind, zieh doch lieber die dicke Daunenjacke an.
8. Nimm was für warmes und für kaltes Wetter mit (vor dem eintägigen Schulausflug).
9. Zieh dir was an die Füße, Kind.
10. Du hast ja schon wieder diese dünnen Schläppchen an.
11. Mach die Schnürsenkel zu.
12. Vergiss deinen Turnbeutel nicht.
13. Sei leise, der Kleine schläft.
14. Denk dran, den Schulranzen zu packen.
15. Nimm ein Taschentuch.
16. Jetzt bist du doch froh, dass du auf mich gehört hast.
17. ...Und zum Frühstück, iss schön viel, sonst hast du den ganzen Tag

Hunger (vor dem 6-wöchigen Schüleraustausch).
18. Immer nur Mc Donalds – iss mal mehr Gemüse.
19. Ist natürlich ganz allein deine Sache, aber ...
20. Hast du schon die Pille genommen? Ich will nicht Großmutter werden.
21. Ich will mich ja nicht in dein Leben einmischen, aber ...
22. Du kannst mit mir über alles reden.
23. Wenn du Fragen hast, kannst du immer zu mir kommen.
24. Zu uns kannst du doch immer kommen.
25. Ich sag das ja nicht, um dich zu ärgern, ich will dir doch nur helfen ...
26. Kind, wir meinen es doch nur gut mit dir.
27. Euch soll's doch mal besser gehen.
28. Wir wollen ja nur dein Bestes.

Und die restlichen Sorgenfalten

1. Was du heute kannst besorgen, das verschiebe nicht auf morgen.
2. Iss, damit du groß und stark wirst.
3. Halt die Ohren steif.
4. Schlafe gut und träume süß – und mach ins Bettchen kein Gemüs'.
5. Iss das, sonst fällst du mir noch vom Fleisch.
6. Nun nimm noch ein Stück. Ich hab den ganzen Vormittag in der Küche gestanden.
7. Schau, die haben halt Eltern, die sich nicht um ihre Kinder kümmern.
8. Ich pflege dich aber nicht, wenn du dann krank wirst.
9. Ihr wisst ja gar nicht, wie gut ihr es habt.
10. Du bist ja noch keine 18.
11. Gib doch nach, du bist doch eh die Ältere ...
12. Was soll aus dir nur einmal werden?
13. Bleib sauber.
14. Bleib vernünftig.
15. Pass aufs Haus auf, wenn ich weg bin.
16. Verliebt, verlobt, verheiratet.
17. Du hast so ein hübsches Gesicht, da solltest du keine Schminke draufkleistern.
18. Mach die Bluse zu, du erkältest dir noch den Charakter.
19. Zieh ja ordentliche Unterwäsche an, denn du könntest einen Unfall haben, und die Ärzte sollen nicht schlecht über dich denken.

20. Zieh dir doch mal was Flottes an.
21. Zieh das doch bitte mal an, ich will ja nur sehen, ob's passt.
22. Da wächst du bestimmt noch rein.
23. Sieht doch chic aus (wahlweise fesch, süß, niedlich, hübsch, nett, fetzig).
24. Lass dir doch mal eine flotte Frisur machen.

MAMA – DIE ALLWISSENDE

Die geliebten Mamas dieser Welt haben die Weisheit mit Löffeln, besser gesagt, mit Schöpfkellen gegessen. Kein Biologe, kein Philosoph, kein Physiker, kein sonstiger Gelehrter vermag auch nur im Ansatz mit seinen Erkenntnissen und Schlüssen an die Mamatik, die Lehre des Wissens der Mütter, heranzureichen. Zu ihrem weltumfassenden Wissen gesellt sich zudem eine literarische, poetische Ausdruckskraft, die ihresgleichen sucht. Die berühmtesten Mama-Sprüche sind über viele, viele Generationen gereift. Sie wurden von den Großmamas zu den Mamas und von den Mamas zu den Töchtern übertragen und konnten so über Jahrhunderte zu Gesetzen mit solch Kraft und Reinheit reifen, dass sich selbst ein Isaac Newton ehrfürchtig verneigen müsste.

Und mit Überlegenheit und Weitblick lässt Mama uns in all unseren kritischen Lebenssituationen teilhaben an ihrem Wissen. Damit auch wir armen Würmer irgendwann einmal lernen dürfen, was die Welt im Innersten zusammenhält.

Ich bin ja auch nicht auf der Nudelsuppe daher geschwommen.

Es neigt sich der Tag dem Abend und die Familie sitzt wieder einmal geeint vor dem Lagerfeuer der Neuzeit, dem Fernseher. Die älteren Semester unter uns kennen noch die erfüllenden Abende mit Rudi Carrell, der uns mit seinem „Laufenden Band" immer wieder beglückte. Eine Spielform der Sendung war, dass vor einem Kandidaten auf einer Art Fließband diverse Objekte vorbei liefen. Nach einer Zeit von einer halben Minute – wenn ich mich recht entsinne – musste der Kandidat innerhalb einer weiteren halben Minute so viele Objekte wie möglich aus der Erinnerung wiedergeben.

Während die Herren der Schöpfung, also mein Vater, mein Bruder und ich mit schweißnasser Stirn fünf bis sechs Objekte rezitieren konnten, war meine Mutter mühelos in der Lage, über einhundert Prozent der gesuchten Begriffe wiederzugeben. Was mich jedes Mal zermürbte, war die Tatsache, dass sie das hinbekam, obwohl sie nebenher in einer Illustrierten blätterte oder gar nicht im Raum war. Irgendwann fragte ich unsere Magierin, wie sie das mache. Die Antwort war einfach. „Ich bin ja auch nicht auf der Nudelsuppe daher geschwommen." Wie weise. Wie allwissend. Ich hoffe, dass irgendwann der Tag kommen wird, an dem auch ich diese Antwort verstehen werde.

Iss das, Kind, das ist gesund

Kohlroulade schmeckt nicht. Wirsingeintopf auch nicht. Rote Beete ebenso wenig. Soll es auch nicht. Aber es ist gesund. Sagt Mama. Und warum? Es folgt eine fünfminütige Abhandlung über freie Radikale, Chlorophyll, Beta-Karotin, Fluorchlorkohlenwasserstoff und Harnsäure. Zu verstehen ist das nicht, aber das Ziel der Mutter ist erreicht. Das Kind hat brav aufgegessen. Zur Gruppe der allgemeinen Gesundheitstipps gehören auch solch schöne Sprüche wie: „Da sind viele Vitamine drin."

Ich entsinne mich an eine Fernsehwerbung für eine Art Fruchtkompott. Es muss ein paar Jahre her sein. Ein Dreikäsehoch hatte Gefallen gefunden an den kleinen Fruchtzwergen und rief durch die Wohnung zu seinen Geschwistern. „Lust auf Vitamine und gesunde Mineralien?". Nach und nach flogen die Türen der Zimmer der Geschwister ins Schloss. Kein Kind will Gesundes zu sich nehmen. Mütter aber bekommen ein schlechtes Gewissen, wenn sie nachgeben und dem Kleinen erlauben, Minderwertiges zu sich zu nehmen.

Seit Jahren wird dieses schlechte Gewissen der Mütter gezielt von der Food-Industrie in der Werbung angesprochen. Schokoladeriegel haben eine Extraportion Milch, beim Verzehr von Bonbons nascht das Kleine leckere Vitamine.

Warum man den Zöglingen nicht einfach ein Glas Milch oder einen Apfel gibt, um das gleiche zu erreichen, bleibt mir ein Rätsel.

Zieh deine Nase nicht hoch, das verklebt das Gehirn.

Wir haben drei Stunden Fußball gespielt. Ich bin platt und erledigt. Das einzige, was bei mir noch läuft, ist die Nase. Kein Wunder. Ich bin platschnass vom Regen und die Temperaturen draußen sind an diesem Herbstabend sehr frisch.

In Ermangelung eines Taschentuches ziehe ich die Nase dauernd hoch. Logisch, welcher Sportler hat schon ein Taschentuch in der Sporthose.

Auf dem Platz wird elegant auf den Boden gerotzt. In der Wohnung ange-kommen, verbietet sich das aber bei genauem Betrachten des sündhaft teuren Perser, auf dem ich stehe.

Neben den dreißig Standardsprüchen von Mama zum Thema „Schuhe aus.", „Wie siehst du denn aus.", „Dich kann man ja nicht mal mit der Mistgabel anpacken.", gesellt sich an diesem Abend ein neuer Spruch, den mir meine Mutter mit Professorenmiene verkündet: „Und zieh nicht dauernd die Nase hoch, das verklebt das Gehirn."

Die Lage ist fatal. Die Nase läuft unerbittlich. Das Gehirn brauche ich e-ventuell noch das ein oder andere Mal in meinem Leben. Taschentücher sind unerreichbar, weil sonst das Gezeter „Mit den nassen Klamotten läufst du mir nicht in die Wohnung." gleich wieder losgeht. Hilflos schaue ich mich um. Mein Blick streift mein Sweatshirt, präzise den Ärmel des selben. Meine Rettung. Voller Glück überlasse ich das Schicksal meines Naseninhaltes meinem geliebten Pulli. Lautstark. Zu lautstark vielleicht. „Und nimm nicht immer den Ärmel sondern ein Taschentuch." Es ist ein Teufelskreis, aus dem ich nicht entfliehen kann. Es gibt keine Lösung für triefende Nasen in Verbindung mit tropfnassen Fußballklamotten und teurem Perserteppich. Mein Ratschlag an die Kinder von heute. Meidet diese Situation! Ihr werdet unter den Gewehrsalven von Mama-Sprüchen zusammenbrechen.

Das geht aufs Konto „Lebenserfahrung"

Es ist Sonntagmorgen. Mein Bruder und ich machen Frühstück für alle. Der Duft von frisch gebrühtem Kaffee und geröstetem Toast erfüllt die Wohnung. Durch das Esszimmerfenster scheint die Sonne auf die Tafel. Hungrig schälen wir die Eltern aus den Betten und setzen sie an den Tisch. Ich gieße allen den dampfenden Kaffee ein. Schön voll die Tassen, damit man nicht dauernd nachschütten muss. „Mach die Tassen doch nicht so voll, Kind.". Na ja, Recht hat sie, aber ich habe einen Bärenhun-ger, darunter leidet schon einmal die Motorik. Ich trinke Kaffee mit viel Milch und ordentlich Zucker.

„Blond und süß wie die Frauen." pflege ich heutzutage zu sagen, wenn ich in einem Café bei der Bedienung den chauvinistischen Proletarier raus-hängen lassen möchte.

Die Tasse ist nach Hinzugabe von Milch und Zucker gelinde gesagt randvoll. Mit allem mir zur Verfügung stehenden Gefühl balanciere ich die Tasse über meinen Teller Richtung Mund. „Setz die Tasse noch mal ab. Und trink dann erst was ab. Sonst verschüttest du doch alles." Meine Mutter hat einfach immer die besten Ratschläge. Ich spare mir die letzten zwei Zentimeter bis zum Mund und führe die Tasse wieder über den Essteller in Richtung Untertasse. Es passiert, wie es passieren muss. Ich erleide eine plötzliche Muskelschwäche oder aber die Erde eiert gerade in Folge einer Unwucht. Egal, jedenfalls: das obere Drittel meines Kaffees ergießt sich über den leckeren, eben noch knusprigen Toast.

Vorbei mit dem gemütlichen Frühstück. Der Essteller geht mit mir in die Küche, um sich zu entleeren und sich abzuwaschen. Währenddessen lässt sich der Rest der Familie das Frühstück weiter königlich munden. „Tja, das geht wohl auf das Konto ´Lebenserfahrung´" murmelt Mama zwischen zwei Bissen. Wie recht sie hat, ich hätte früher auf sie hören sollen.

Eltern haben immer Recht, merk dir das

Bedrückend, aber wahr. Paragraph eins: Mama hat Recht. Paragraph zwei: sollte Mama nicht Recht haben, tritt automatisch Paragraph eins in Kraft. Bis hierhin kennt das jeder. Paragraph drei ist indes weithin unbekannt: sollte Papa nicht Recht haben, kann Mama Paragraph eins ziehen. Das wusste ich auch nicht bis, ja bis – Rückblende.

Ich bin im zarten Alter von siebzehn Jahren. Mein mittlerweile vom Nasehochziehen verklebtes Hirn hat es immerhin bis in ein Gymnasium gebracht. Dort genieße ich die Leistungskurse Mathematik (nicht zu verwechseln mit Mamatik) und Physik.

Es begibt sich, dass die Familie zum Abendessen beisammen sitzt. Mein Papa und ich reden über Belangloses wie den Eintopf vom Wochenende und die Heisenberg´sche Unschärferelation. In einem Nebensatz bemerke ich, dass wir gerade in der Schule mit E-Lehre begonnen haben, worauf mich mein Vater ungläubig anschaut. „So was macht ihr in Physik? Das gehört doch gar nicht dazu." Etwas konsterniert schaue ich ihn an. „Paps, die Physik besteht aus den Kerndisziplinen Mechanik, Akustik, Optik und E-Lehre." Es entbrennt ein Streit über dieses Thema. „Lass uns in den Brockhaus schauen." ist mein Lösungsvorschlag und ich eile ins Wohnzimmer.

Meine Eltern haben sich zwei Jahre zuvor einen Vierundzwanzig-Ender von Brockhaus ins Haus geholt, um einen Grundstock an Wissen im Regal zu haben, der in Streitfragen einer Justitia gleich das Recht ausspricht und Frieden stiftet in der Familie. Der Brockhaus bestätigt meine Aussage aufs Gründlichste.

„Das stimmt nicht." Meine Eltern bauen sich vor mir auf. „Wenn Papa das sagt, dann stimmt das." Ich bin verdutzt. Mein Weltbild gerät in Schieflage.

So etwa muss sich der alte Galileo gefühlt haben, als er vor den Kirchenoberen stand und bewies, dass die Erde wohl doch eher gebogen als gerade sei. Galileo bekam dafür bitterlich auf die Mütze und widerrief.

Ich halte diese Strategie in diesem Augenblick für die einzig Richtige und widerrufe nach einem Blick auf die Uhr. Bin schon wieder zu spät. Ich habe mich verabredet und möchte meinen Freund nicht unnötig lange warten lassen. Eltern haben eben Recht. Wird Zeit, dass ich das auch mal endlich einsehe.

Schluck den Kaugummi nicht runter, sonst verklebt er dir den Magen

Kinder und Kaugummi gehören zusammen wie Frauen und Damentoiletten. In allen Lebensphasen des Heranwachsenden kommt dem Kaugummi eine besondere Bedeutung zu. Als Kind bekommt man die Dinger dauernd von Mama in den Rachen gesteckt, weil sie angeblich die Mundflora verbessern und Karies vorbeugen. Im Teeniealter macht so ein Kaugummi in Kombination mit einer ins Haar gesteckten Sonnenbrille und dicken Schlaghosen extra cool. Und so kommt es, dass die Kinder dieser Welt Tag für Tag Milliarden von Kaugummis ins Jenseits kauen – und danach ausspucken, weil Mama ihnen gesagt hat, dass sie das Zeug bloß nicht schlucken dürfen. Denn schließlich verklebt das ja den Magen.

Neulich dachte ich noch einmal über diesen Spruch nach. Ich fuhr Straßenbahn und war dabei, ein Nasenextrakt unter meinem Sitzpolster zu entsorgen. Meine Finger landeten unversehens in einem frisch unter diesen Sitz geklebten Kaugummi – äußerst unappetitlich. An meiner Heimathaltestelle stieg ich mit einem großen Satz aus der Straßenbahn aus und landete mit dem rechten Fuß in einem Riesen Hubba-Bubba beziehungsweise seinen klebrigen Überresten.

Entnervt dachte ich über die Millionen anderen Bundesbürger nach, die wohl heute fluchend in einen ausgespuckten Kaugummi getreten sind. Und alles nur, weil Mama uns eingetrichtert hat, dass man Kaugummis nicht schluckt.

Vom Geländer Runterrutschen bekommt man Darmverschlingungen

Vielleicht keiner der typischen Mama-Sprüche der Kategorie „Die Allwissende". Aber als ich diesen Spruch per E-Mail von einem Leser geschickt bekam, musste ich spontan laut lachen. Hierzu muss man wissen, dass ich im Moment in einer Internetfirma arbeite. Unsere Expansion hat es notwendig gemacht, dass wir uns aus Platzgründen über mehrere Etagen hinweg verteilt haben. Das Unternehmen zeichnet sich durch einen entspannten Umgang aller untereinander aus. Man ist jung und die Umgangsformen sind leger.

Die Treppen werden durch wunderschöne metallisch runde Handläufe flankiert. Viele der männlichen Kollegen, die hier arbeiten, erliegen mitunter ihrem Spieltrieb und rutschen mit großem Hallo das Geländer herunter. Einige Tage bevor ich die oben erwähnte Mail erhielt, wurde in unserem Hause eine Mail unserer Vorstandsassistentin an alle Mitarbeiter verschickt, mit der Bitte, nicht mehr die Geländer herunterzurutschen. Die Striemen der Schuhe am Geländer seien nicht mehr zu bereinigen.

Es scheint so, dass nicht nur meine Erziehung an diesem Punkt nachhaltig versagte. Aber in jedem Mann steckt eben ein kleiner Lausbub.

Die komplette Enzyklopädie der allwissenden Mama:

Gut 100 Grundgesetze der Mama in Stein gehauen, oder besser, in Druckerschwärze getaucht ...

Fundbüro Mama

1. Da liegt er gut (z.B. der Schlüssel).
2. So was kommt doch nicht so einfach weg.
3. In dem Saustall würde ich auch nix finden.

Die Grundgesetze des menschlichen Seins

1. Dunkles Licht ist schlecht für die Augen.
2. Dann ist das Gejammer groß.
3. Wer nicht hören will, muss fühlen.
4. Kinder mit nem Willen kriegen was auf die Brillen (wenn man mal wieder nicht gespurt hat).
5. Wer lange aufbleiben kann, kann auch früh aufstehen.
6. Kleine Sünden straft der liebe Gott sofort.
7. Undank ist der Welten Lohn.
8. Gottes Strafe folgt auf den Fuß.
9. Du wirst dein blaues Wunder schon noch erleben.
10. Tu anderen Gutes, dann widerfährt dir nichts Böses.
11. Quäle nie ein Tier zum Scherz, denn es fühlt wie du den Schmerz.
12. Ohne Fleiß kein Preis.
13. Haste was, biste was.
14. Halte Ordnung, liebe sie, Ordnung spart dir Zeit und Müh.
15. Auf Sonnenschein folgt Regen.
16. Kleine Blümchen brauchen Sonne, um zu wachsen.
17. Auf Weinen folgt Lachen.
18. Wer sich in Gefahr begibt, der kommt darin um.
19. Was nicht umbringt, härtet ab.
20. Geduld ist der Schlüssel zur Freude.
21. Was man nicht im Kopf hat, das hat man in den Beinen.
22. Leichte Schläge auf den Hinterkopf erhöhen das Denkvermögen.
23. Du wirst mir einmal dafür dankbar sein.

24. Telefonier nach sechs Uhr, da ist es billiger.
25. Zeig mir deine Freunde und ich sag dir, wer du bist.
26. Wenn dich jemand ärgert, ignoriere ihn einfach. Der hört dann von alleine auf.
27. Wenn das Wörtchen WENN nicht wär, wär mein Vater Millionär.
28. Wenn dein Kopf nicht angewachsen wäre, würde es dir in den Hals rein regnen.
29. Wenn dein Kopf so schwer ist, dass du ihn stützen musst, dann wird es Zeit für das Bett.

30. Wenn ich mal die Augen zumache, gehen sie dir auf.
31. Wenn der Kuchen spricht, haben die Krümel zu schweigen.
32. Der Wenn-ich und der Hätt-ich sind in den Bach geplumpst.
33. Vom Stiegengeländer-Rutschen bekommt man Darmverschlingungen.
34. Für die Lust werden wir nicht bezahlt, sonst wären wir woanders.
35. Zieh deine Nase nicht hoch, das verklebt das Gehirn.
36. Schluck den Kaugummi nicht runter, der verklebt den Magen.
37. Friss den Popel nicht, das gibt Würmer.
38. Schiele nicht, eines Tages bleiben die Augen so stehen.
39. Zieh nicht immer solche Grimassen, sonst bleibt das Gesicht so.
40. Knabber nicht an den Fingernägeln, die wachsen dann nie mehr.

Der Quell des mütterlichen Wissens

1. Glaub jemandem, der mehr Erfahrung hat.
2. Tja, so ist das Leben. Das hätte ich dir auch gleich sagen können.

3. Mama sieht alles, Mama hört alles, Mama weiß alles.
4. Eltern haben immer recht. Es wird der Tag kommen, an dem du das erkennen wirst.
5. Egal ist 88.
6. Rote Füchse soll man schießen (über Mädchen mit roten Haaren).
7. Ich habe ein Gewehr und schieße ums Eck.
8. Ein Indianer (bzw. Indianerherz) kennt keinen Schmerz.
9. Ein paar hinter die Ohren hat noch Keinem geschadet.
10. So was macht man nicht.
11. Hilf dir selbst, sonst hilft dir keiner.
12. Man kann jede Mark nur ein Mal ausgeben.
13. Müßige Hände melken Ochsen (wenn aus Langeweile wieder mal was ruiniert wurde).
14. Rüttle nicht am Watschenbaum. Die Frucht, sie reift, du merkst es kaum. Dann fällt die Frucht dir auf den Kopf, und dann bist du der arme Tropf.
15. Langes Fädchen faules Mädchen – kurzes Fädchen fleiß'ges Mädchen.
16. Man lernt fürs Leben und nicht für die Schule.
17. Das sagen sie alle. Und hinterher sind sie schwanger.
18. Wie der Herr so's Gescherr.
19. Abends werden die Faulen fleißig.
20. Auf der Kellertreppe kann ich nicht kochen.
21. Müßiggang ist aller Laster Anfang.
22. Wer mit kegelt, muss mit aufsetzen.
23. Oben hui, unten pfui.
24. Abends nicht rein und morgens nicht raus ...
25. Früher hätt's das nicht gegeben.
26. Das ist ja wohl ein gewaltiger Unterschied.
27. Morgenstund hat Gold im Mund.
28. Reden ist Silber, Schweigen ist Gold.
29. Der Apfel fällt nicht weit vom Stamm(baum).
30. Auch andere Mütter haben schöne Söhne / Töchter.
31. Verliebe dich oft, verlobe dich selten und heirate nie.
32. Babys bringt der Klapperstorch.
33. Man trifft sich immer zwei Mal im Leben.
34. Was Jupiter kann, steht noch keinem Ochsen an.

35. Was du nicht willst, was man dir tut, das füg auch keinem andern zu.
36. Eine Mutter kann zehn Kinder ernähren, aber zehn Kinder nicht eine Mutter.
37. Du bist ja wie dein Vater.
38. Du bist noch viel zu jung zum Heiraten (40jährige Mutter zur 20jährigen Tochter).
39. Mit 40 beginnt erst das Leben.
40. Du weißt aber schon, dass das nicht stimmt. Die Wissenschaftler / Fernsehleute denken sich das alles nur aus.
41. Du hast deinen Kopf auch nur, damit es nicht in deinen Hals regnet.
42. Du hast deinen Kopf auch nur, damit deine Ohren nicht frei in der Luft schweben müssen.
43. Dummheit schafft Freizeit – weiter geht´s (weil der Teller beim Abtrocknen aus Versehen runtergefallen war).
44. Heb das nicht auf, da hat ein Hund rangepinkelt.
45. Doofe Mütter haben doofe Kinder.
46. So läuft der Hase nicht durchs Feld.
47. Immer langsam mit den jungen Pferden.
48. Messer, Gabel, Schere, Licht – sind für kleine Kinder nicht.
49. Bald hat das Lotterleben ein Ende.
50. Besser so, als ein dreckiger Stock ins Auge.
51. Es hat schon so manche kluge Henne ins Nest geschissen.
52. Das geht aufs Konto Lebenserfahrung.
53. Tja, vernetztes Denken ist gefordert.
54. Also wirklich, jetzt fahren die Affen Panzer.

Der feine Unterschied zwischen Kind und Mama

1. So bin ich zu euch – und wie seit ihr zu mir?
2. Unsere Beziehung besteht nur aus Nehmen und Geben. Ich gebe, und du nimmst.
3. Frag mich nur, damit du etwas lernst.
4. Ich habe auch Augen im Hinterkopf.
5. Ich weiß, dass du lügst – es steht dir auf die Stirn geschrieben.
6. Ich bin ja auch nicht auf der Nudelsuppe dahergeschwommen.
7. Ich glaub, mein Schwein pfeift.
8. Ich glaub, ich werd verrückt.

9. Ich glaub, mein Blocker rast.
10. Ich glaub, meine Oma fährt im Hühnerstall Motorrad.
11. Ich weiß noch, wie du als Quark im Schaufenster gelegen bist.
12. Ich hab's dir doch gleich gesagt.
13. Ich hab's doch gewusst.
14. Du wirst dich noch an meine Worte erinnern.
15. Das erkläre ich dir, wenn du älter bist.
16. Dich haben sie wohl mit dem Dummbeutel bekloppt.
17. Du bist sogar zu faul zu stinken.
18. Wenn du deine Hände suchst, die sind in deinen Taschen.

Selbst beim Essen kann man noch etwas lernen

1. Kartoffeln werden nicht geschnitten.
2. Kartoffeln machen nicht dick.
3. 37 mal kauen, dann schlucken.
4. Gut gekaut ist halb verdaut.
5. Haribo macht Rinder froh.
6. Kinder bei Tische sind stumm wie die Fische.
7. Wenn du deine Karotten aufisst, kannst du im Dunkeln sehen.
8. Wenn du deinen Teller nicht leer isst, wird morgen schlechtes Wetter.
9. Es heißt schneiden, weil man mit dem Messer schneidet und nicht zermatscht.
10. Was bitter ist im Mund, ist dem Herzen so gesund.
11. Da sind Vitamine drin.
12. Äpfel sind gesund.
13. Bei den Äpfeln sitzt das gesunde Eisen direkt unter der Schale, deshalb darf man die nicht schälen.
14. Auf Obst trinkt man kein Wasser.
15. Auf Eis trinkt man kein Wasser.
16. Von zu viel Cola bekommt man schwarze Füße.
17. Zuviel Eier sind ungesund.
18. Menschen essen, Tiere fressen. Menschen trinken, Tiere saufen. Manchmal ist es umgekehrt.
19. Iss, sonst wirst nicht dick.

MAMA – DIE BELEHRENDE

Die größte Lehre ist das Leben – meint man. Mama ist anderer Meinung. Der größte Lehrmeister ist Mama und nicht das Leben. Und sie lässt es ihre Kinder immer wieder wissen. Die nicht vorhandene Brille Richtung Nasenspitze schiebend und den Kopf oberlehrerhaft zur Seite geneigt, baut sie sich vor uns auf. Der Finger wirbelt in kleinen Kreisen vor ihren tief heruntergezogenen Augenbrauen. Sie gibt uns das Wahre, das einzig Richtige, das Absolute mit auf unseren Lebensweg – manchmal auch ungefragt. Widerrede ist jedoch zwecklos.

Ihr wisst ja gar nicht, wie gut ihr es habt

Wenn man Mama so hört, war früher alles kalt, gemein und kräftezehrend. Zum Bäcker waren es Minimum drei Stunden Fußmarsch bergauf. Der Rückweg war komischerweise auch wieder bergauf. Die Kohlen mussten, wenn man ihren Ausführungen glauben darf, grundlegend immer vom Keller in den vierten Stock geschleppt werden. Diese Aussagen hören auch meine Bekannten ausschließlich in der Variante „vierter Stock". Mich beschleicht das Gefühl, dass unsere Mütter ein wenig übertreiben oder aber tatsächlich die ersten drei Geschosse eines deutschen Durchschnittshauses früher grundsätzlich unbewohnt waren, damit sich das Kohleschleppen richtig lohnt.

Dafür gab es früher aber auch keine abgasverseuchten Innenstädte, die Milch kam aus echten Kühen und Urlaub auf dem Land war noch bezahlbar. Aber diese Einwände bleiben in der Regel unerhört.

Mach mir keine Schande

Wenn ich zu einer Geburtstagsparty aufbrechen wollte, erschallte der Spruch. Öffnete ich die Tür, um in den Urlaub zu fahren, hörte ich diesen Satz zum Abschied und auch mit Anfang zwanzig höre ich die Worte noch, als ich mich gerade auf den Weg zu einem Abendessen mit meiner langjährigen Freundin mache.

In der Regel wird der Mama-Spruch noch um diesen Fortsatz erweitert: „Benimm dich anständig, sei brav und rede nur, wenn du gefragt wirst." „OK. Dies eine Mal werde ich auf dich hören, Mutter.", denke ich, als ich gehe.

Ich hecke einen teuflischen Plan aus. Die geliebte Freundin trifft an diesem Abend auf einen jungen Mann, der sich völlig anders benimmt als sonst. Sie bekommt zur Begrüßung einen hastigen Kuss auf die Stirn – ich denke, dass ist angemessen brav. Im Restaurant angekommen, helfe ich ihr zuvorkommend beim Einnehmen ihres Platzes, was sie mit ungläubigem Kopfschütteln quittiert. Ich setze mich mit steif durchgedrücktem Kreuz auf den Platz gegenüber. Die Ellenbogen sehen nicht im Ansatz die Tischplatte, meine Füße stehen in Beton gegossen parallel auf dem Boden. Sie wackeln nicht einen einzigen Millimeter. Ich schweige, denn so hat es mir meine Mutter geheißen. Meine Partnerin ist sichtlich verstört. Ihre Anmerkungen lasse ich unkommentiert, lediglich ein beipflichtendes Nicken streue ich hier und da ein. Keine halbe Stunde später steht meine Gute auf und verlässt zermürbt das Lokal. Ich sei schrecklich heute, sagt sie.

Ich kehre nach Hause zurück – viel zu früh – es ist gerade erst neun Uhr abends. Besorgt tritt meine Mutter aus dem Wohnzimmer. „Wieso bist du schon so früh zurück?" „Och Mama. Ich war anständig und brav und habe nur geredet, wenn ich gefragt wurde. Meine Freundin hat es daraufhin vorgezogen, den Abend alleine zu verbringen." Ungläubig schauen mich die großen Mamaaugen an. Sie beginnt herzhaft zu lachen und nimmt mich in den Arm. „Du Blödmann. Weißt du was? Ich rufe sie gleich an. Sie soll rüber kommen, dann erkläre ich ihr alles." Wenig später sitzen wir alle zusammen in der elterlichen Stube und flachsen über den Mama-Spruch. Es wird noch ein trinkseliger und lustiger Abend zusammen mit meinen Eltern und meiner Freundin.

Man kann auch ohne Alkohol lustig sein

Es ist schon seltsam, so einen Spruch aus Mamas Kehle zu hören. Sie, die sie bei allen Bekannten als Partylöwin, Tanzmariechen und Stimmungskanone beliebt ist, ausgerechnet sie lässt solche Weisheiten vom Stapel. Ich erinnere mich an diverse „Kegelabende" meiner Eltern. Keine Feier, die nicht erst im Morgengrauen endete und bei der die Heimfahrt nicht fröhlich schunkelnd im Taxi angetreten wurde. Das sonntägliche Frühstück fand dann in der Regel im Halbdunkel bei gedämpfter Unterhaltung statt – sofern man die gutturalen Grunzlaute meiner Mutter tatsächlich als Unterhaltung definieren darf.

Aber wehe, ich erwähne, dass ich in die Disco gehe. Sofort baut sie sich vor mir auf und maßregelt mich, was ich zu tun und zu lassen habe. „Übertreib es nicht, morgen ist auch noch ein Tag. Tue nichts, was du morgen im Nüchternen bereuen würdest. Fahr vorsichtig, lass das Auto heute Nacht stehen und lass die Mädels gehen." Die Litanei ließe sich beliebig fortsetzen. Wie es scheint, sind selbst Mütter manchmal etwas vergesslich. Spreche ich sie in solchen Situationen auf ihre eigene letzte durchzechte Fete an, so wischt sie die Vorwürfe gekonnt mit einem „Ach, Kind, das kann man doch nicht vergleichen." vom Tisch. Seltsam, seltsam. Mir fehlt da eben noch der Weitblick und die Einsicht meiner geliebten Mama.

Geh pfleglich mit deinen Sachen um

Ein neuer Fußball liegt unter dem Weihnachtsbaum. Meine Augen glänzen. Ein Traum geht in Erfüllung. Ich werde, wie es sich für einen Jungen im Lausbubenalter gehört, den Ball heute Nacht mit ins Bett nehmen. Voller Freude über das Geschenk falle ich am Ende des Weihnachtsabends in einen festen und traumlosen Schlaf.

Der erste Weihnachtstag begrüßt uns mit milden Temperaturen und Sonnenschein. Voller Stolz betrete ich mit dem neuen Ball den Bolzplatz um die Ecke. Wir sind zehn Jungs und rennen zwei Stunden dem Ball hinterher, bis jeder von uns völlig erschöpft zum Mittagessen kriecht. Der Ball sieht jetzt gar nicht mehr neu aus, aber er spielt sich klasse und es ist ja letztlich ein Gebrauchsgegenstand.

Meine Mutter schlägt die Hände über dem Kopf zusammen. „Wie sieht denn der schöne neue Ball aus?" Dann nimmt sie den Finger hoch und doziert: „Du musst endlich mal lernen, pfleglich mit deinen Sachen umzugehen!" „Aber Mama", erwidere ich entrüstet, „das ist ein Fußball und keine Puppe. Der wird halt dreckig. Oder soll ich vielleicht gar nicht mit ihm spielen?"

Langsam lässt Mama ihren Zeigefinger sinken. „Na ja," murmelt sie einsichtig, „aber hättest du nicht bis nach dem Weihnachtsfest damit warten können?". Sie gibt mir einen Klaps, zwinkert mir zu und verschwindet in der Küche, denn schließlich gibt es einen leckeren Weihnachtsschmaus zu servieren.

Nimm dir mal ein Beispiel an ...

Es gibt sie einfach, diese Streber. Schleimig mit Seitenscheitel unterwegs, brav die Bundfaltenhosen an und ja nicht vergessen, schön artig Handzeichen beim Abbiegen mit dem Fahrrad zu geben. Bloß immer den Erwachsenen gefallen. Ich konnte mit diesem Typus Mensch in meiner Kindheit nicht wirklich viel anfangen.

Um so mehr hat es mich geärgert, dass mir meine Mutter diese Personen immer als Vorbilder aufschwätzen wollte. „Nimm dir mal ein Beispiel am Jürgen, der lernt jeden Nachmittag bis vier Uhr." Selber schuld, sag ich. Ich zog es immer vor, die Hausaufgaben auf das Nötige zu beschränken und des Morgens in der Viertelstunde vor Schulbeginn den Rest der Hausaufgaben hastig abzupinseln oder eben keine Hausaufgaben zu haben. Und jedes Mal war es mir eine Genugtuung, in der Klassenarbeit mit meinem minimalistischen Prinzip eine bessere Note zu haben als Jürgen.

Mit den Jahren verstummte Mutter immer mehr. Seit das große Vorzeige-kind von nebenan auch das zweite Studium geschmissen hat und als Ge-bäudereiniger durchs Leben tingelt, ist endgültig Ruhe. Recht so. Ich kann nämlich auch ganz gut mit meinen eigenen Vorbildern leben.

Schau doch, wo du hinläufst

Manchmal an einem Frühlingssonntag gönne ich mir ein Waffeleis und setze mich in den Schlosspark auf eine Bank. Dann genieße ich die Sonne auf meiner Haut und beobachte genüsslich die jungen Mütter, die an mir vorüberziehen. Ein besonders amüsantes Bild bieten sie in Kombination mit einem vollbepackten Kinderwagen und einem etwas älteren Kind an ihrer Seite, das schon selbständig laufen kann.

Das Kleine rennt vor den Wagen, um dann urplötzlich stehen zu bleiben und sich hinzusetzen. Da liegt schließlich ein glitzerndes Stück Folie auf dem Weg, das entdeckt werden muss. Die arme Mutter reagiert notge-drungen mit ruckartigem Umlenken des schweren Kinderwagens oder muss abrupt abbremsen. Sprüche wie „Steh auf, Kind, du machst deine neuen Hosen schmutzig." folgen in der Regel. Widerwillig steht das Kleine auf. Die Fahrt geht weiter, und das Kleine rennt auf seine Mutter zu, di-rekt in Richtung Speichen des Kinderwagens. Ein energisches Ziehen der wachsamen Mama am Arm des Bengels rettet ihn vor dem sicheren Tod. Es folgen Belehrungen der Form „Pass doch auf, wo du hinläufst." Das sichtlich verstörte Kind klammert sich am Oberschenkel seiner Mutter fest, worauf sie aus dem Gleichgewicht gerät und fast strauchelt. Wieder ermahnt sie den Kleinen, geradeaus zu laufen. Das Kleine stapft beleidigt ein paar Schritte vor und entdeckt die Schwäne im Teich. Ohne nach links und rechts zu blicken kreuzt es den Weg und rennt seiner guten Mutter beinahe wieder in den Kinderwagen. „Pass doch auf, wo du hinrennst, Kind, wie oft soll ich dir das noch sagen? Du kommst jetzt sofort her, hierher!" Und ihr linker Zeigefinger zeigt resolut auf den Boden neben sich. Was dann folgt, nenne ich offenen Vollzug. Die unartigen Kinder müssen sich mit einer Hand am Kinderwagen ihres kleinen Bruders fest-halten und müssen nebenher traben wie ein alter Gaul auf der Messe.

Das Trio biegt um die Ecke und verschwindet. Amüsiert lächle ich ihnen hinterher. Gespannt warte ich auf den Auftritt der nächsten jungen Mut-ter. Während des Wartens spielt sich eine Szene vor meinem inneren

Auge ab. Ich stelle mir vor, dass ich in wenigen Jahren auch einen kleinen Bub haben könnte. Dann werde ich mit ihm durch den Park spazieren und mich den eisessenden Frauen auf der Bank stellen müssen.

Vielleicht werde ich einfach auswandern, bis die Kleinen selbständig geradeaus laufen können, vielleicht bleibe ich auch einfach kinderlos.

Ich habe leider keine Gelegenheit, weiter darüber nachzudenken. Das nächste Trio betritt die Bühne „Schlosspark". Ein schöner Sonntagmittag ist das heute wieder. Eintritt frei.

Iss wenigstens das Fleisch

Manchmal merkt man schon, dass einige unserer Mütter noch Kriegskinder sind. Die Essenstöpfe sind immer überreichlich gefüllt. Mama hat immer noch Angst, dass wieder bittere Zeiten kommen könnten. Also heißt es „Iss auf Kind, damit du groß und stark wirst." Die weniger sympathische Variante lautet „Wenn du nicht aufisst, setzt es ein paar!" oder „Du stehst erst auf, wenn du leer gegessen hast!"

Als Kind hörte ich des öfteren den Spruch „Iss den Teller auf!" von meiner Mama. Als es mir zu bunt wurde, entschied ich mich eines Tages zu einem kleinen Streich. Ich wartete darauf, dass meine Mama den Spruch zum besten gab, worauf ich brav den Teller mit beiden Händen zum Munde führte und kräftig ins Porzellan biss. Den ungläubigen Blick meiner Mutter quittierte ich mit einem achselzuckenden „Du hast mir doch gesagt, ich soll den Teller essen ..." Ich erinnere mich, dass ich danach nur noch die Version „Iss den Teller leer!" gehört habe.

Schön waren auch die Sonntage bei Muttern, als ich schon erwachsen war. Mein gesättigtes Zurücklehnen kommentierte sie mit den Worten „Jetzt iss wenigstens noch das Fleisch." Amüsant, wenn gerade Gulasch auf dem Tisch stand. Ein Trick, auf den ich nie hereingefallen bin.

Wie es scheint, ist Fleisch der wichtigste Nahrungsbaustein der älteren Mama-Generation. Die jungen Mütter von heute haben bedingt durch die aktuellen Lehrmeinungen andere Ernährungsprioritäten. Ich bin gespannt, ob sich der obige Spruch im Laufe der jetzigen Generation in „Iss wenigstens das Gemüse!" wandeln wird. Warten wir es einmal ab.

Die komplette Enzyklopädie der belehrenden Mama:

Weit über 100 Fingerzeige unseres großen Lehrmeisters Prof. Dr. Mama.

Mama ist der beste Lehrer

1. Noch bin ich die Ältere.
2. Da bist du noch in Abrahams Wurstkessel geschwommen.
3. Ich dachte, aus dem Alter bist du raus.
4. Ja die Oma darf das, die ist ja auch schon alt.
5. Du lernst nicht für mich, sondern fürs Leben.
6. Als ich so alt war wie du, war ich schon viel verantwortungsbewusster.
7. Du bist doch erst 12 Jahre alt.
8. Du bist doch schon 12 Jahre alt.
9. Ich hätte mich gefreut, wenn ich früher mal ...
10. Du gehst noch zur Schule – ich war schon.
11. Du wächst mir über den Kopf, aber niemals aus der Hand.
12. Schließlich bis du noch in der Ausbildung.
13. Jetzt beginnt der Ernst des Lebens.
14. Deine Weihnachtsmänner haben früher immer bis Ostern gehalten.
15. Deine Osterhasen haben früher immer bis Weihnachten gehalten.
16. Warte nur, bis du dir dein Geld mal selbst verdienen musst.
17. Das kannst du dir später von deinem eigenen Geld kaufen.
18. Wenn du 18 bist, darfst du das.
19. Komm du mir erst mal zum Bund.
20. Das kannst du machen wenn du eine eigene Wohnung hast.
21. Du solltest einen italienischen Koch heiraten.
22. Stell dich nicht so an, wenn du verheiratet (alternativ: Oma) bist, ist das wieder verheilt.
23. Wir sprechen uns in 20 Jahren wieder, wenn du mal Kinder hast.
24. Wenn du mal Kinder hast, tun mir die jetzt schon leid.
25. Wenn ich mal tot bin, würdet ihr mich mit Stecknadeln ausbuddeln, mit Stecknadeln!

Das gehört sich nicht

1. Tu das nicht, sonst kommst du ins Gerede.
2. Aber komm mir nachher nicht an und jammer mir die Ohren voll.
3. Wenn das jeder machen würde.
4. Von selbst passiert das nicht.
5. Grün und blau passt nicht zusammen.
6. Vergleich dich nicht mit anderen.
7. So was sagt man nicht.
8. Du gehst am Rande einer Ohrfeige spazieren.
9. Macht mir keine Schande. Benehmt euch gut, seid brav und redet nur, wenn ihr etwas gefragt werdet.
10. Sei nicht so mädchenhaft (zu Jungs).
11. Benimm dich wie ein Kerl.
12. Mit nackten Fingern zeigt man nicht auf angezogene Menschen.

13. Oliver lädst du aber nicht ein, der hat dich auch nicht eingeladen.
14. Du bist doch schon wieder besoffen. Trink nicht immer so viel.
15. Du sollst dich nicht mit mir vergleichen.
16. Du darfst alles essen und alles trinken, aber nicht alles wissen.
17. Du kannst alt und grau werden, aber nicht frech.
18. Du wirst schon sehen, was du davon hast.
19. Friss den Popel nicht.
20. Zieh die Nase nicht immer hoch.
21. Fall nicht.
22. Du sollst dich nicht immer mit deinen Freunden vergleichen.

23. Ich finde, du machst es dir ein bisschen zu leicht.
24. Das kannst du mit deinen Kanuten machen.
25. Lügt mich nicht an.
26. Sei kein Stubenhocker.
27. Riech da nicht dran – sonst fällt dir die Nase ab.
28. Bis einer weint.
29. Bis sich einer verletzt.
30. Bedank dich mal bei Oma.
31. Wie sagt man? ... Danke.
32. Das heißt WIE BITTE.
33. Mach, was man dir sagt.
34. Nimm dir mal ein Beispiel an Karin.
35. Das dürfte Karin bestimmt nicht zu Hause.
36. Nimm dir mal ein Beispiel an deinem Freund Tom – wie gut der in der Schule ist.
37. Schau nach vorne.
38. Guck, wo du hinläufst.
39. Guck nach vorne, wenn du läufst.
40. Ein bisschen Bewegung an der frischen Luft könnte dir nicht schaden.
41. Könntest dich ja mal wieder bei Tante Trude melden.
42. Geh pfleglich mit deinen Sachen um.
43. Tu was für deine Gesundheit.
44. Schau mich an, wenn ich mit dir rede.
45. Fräulein, ich sag es dir im Guten.
46. Mach es jetzt, sonst wird es dir später leid tun.
47. Tu das mal schön wieder da hin, wo es vorher war.
48. Du sollst es selbst wollen, für mich machst du das ja nicht.
49. Spar dein Geld.

Du, du, du

1. Du schlägst alle Rekorde im Schneckentempo.
2. Das würde / könnte dir so passen.
3. Du bist doch nicht aus Zucker.
4. Du siehst aus wie Lumpi.
5. Deine Ohren sind so dreckig, da kann man ja Radieschen drin säen.
6. Du schießt dir noch ein Auge aus.

7. Du kannst nicht mit Geld umgehen.
8. Du kannst ruhig mal wieder bei Oma anrufen.
9. Oma / Opa hat soviel für dich getan, als du klein warst.
10. Du weißt gar nicht, wie wichtig das ist.
11. Wärste nicht raufgestiegen, wärste nicht runtergefallen.
12. Wo du hinwillst, bin ich längst gewesen.
13. Du kommst ja bald zum Barras, da werden sie dir die Flötentöne schon beibringen.
14. Du musst erst mal dahin riechen, wo andere hingeschissen haben.
15. Da machst du nur Minus bei.
16. Du hast vielleicht Freunde.
17. Du kannst froh sein, dass du so verständnisvolle Eltern hast.
18. Ich will ja nicht predigen, aber du hast schon wieder ...
19. Hättest du deine Bude aufgeräumt, wüsstest du jetzt, wo es liegt.

Weitere Lehrmeistereien

1. Seid froh, dass ihr euch habt.
2. Dann weht aber ein anderer Wind.
3. Da werden wir noch ganz andere Saiten aufziehen.
4. Wenn einer haut, dann ist das der Papa.
5. Brust raus, Bauch rein.
6. Das ist ja uuunmöglich.
7. Die Leute gucken schon.
8. Schönheit (bzw. Wer schön sein will) muss leiden.
9. Seien wir mal ehrlich.
10. So, das war das letzte Mal, dass ich dich mitgenommen habe
11. Das müsst ihr unter euch ausmachen.
12. So viele Eier sind gar nicht gesund.
13. „Kann ich nicht." heißt – „will ich nicht."
14. Wenn ich könnte, würde ich das ja alles für dich lernen.
15. Man kann auch ohne Alkohol lustig sein.
16. Ach, Markus hat Stubenarrest, weil er den Müll nicht runtergebracht hat? Das können wir ja demnächst auch so machen.
17. Ich weiß gar nicht, warum ich das noch mach.
18. Ich hab schon Pferde vor der Apotheke kotzen sehen.
19. Fräulein, mit dir hab ich noch ein Hühnchen zu rupfen.

20. Kinder, die tagsüber zuviel lachen, heulen abends noch ...
21. Wenn man nicht die Klappe hält, kriegt man auch kein Taschengeld.
22. Hätte, wäre, wenn: das zählt jetzt alles nicht mehr.
23. „NEIN" ist ein vollständiger Satz.

MAMA – DIE WEINERLICHE

Mama steht in der typischen Teekännchenhaltung vor den Kindern. Die rechte Hand in die Seite gestützt, die linke mit dem Handrücken an die Stirn gelegt. Der Kopf ist leicht in den Nacken gestreckt und die Augen leidend geschlossen. Ach herrje, die Welt raubt der geliebten Mama wieder den letzten Nerv. Wäre doch alles noch so wie früher. Da hat es so etwas nicht gegeben. Da wurden Mütter noch richtig wertgeschätzt. Die Blagen trampelten nicht dauernd rücksichtslos auf den Nerven der Mamas herum, sondern waren unter Tage arbeiten. Früher war eben alles besser, sittsamer, strenger und lief in geordneten Bahnen. Aber heute hört ja keiner mehr auf das Wort von Mama. Heute ist Mama ja nur noch Dienerin und Putzfrau für alle, während sich der Rest der Familie den lieben langen Tag an seinem sorglosen Leben labt und faul in der Hängematte döst.

Euch kann man keinen Augenblick aus den Augen lassen

Seit unserer Renovierung sieht die Wohnung ganz modern aus. Der robuste PVC-Belag in der Küche ist gewichen. Jahrelang hat er unseren Spinattiraden getrotzt. Einige heruntergefallene Marmeladengläser hat er schmerzlos weggesteckt. Jetzt ist er achtlos fortgeworfen worden und durch Terrakottafliesen ersetzt worden. Der letzte Schrei aus Italien. „Ihr seid ja nun alt genug, dass ihr euch benehmen könnt." meint Mama. Nachdenklich kaue ich auf meinem Schnuller und schaue meinen Bruder vielsagend an. Er nickt kurz. Meine Mama verlässt die Küche, um sich ihren nagelneuen, blütenweißen Vorhängen zu widmen – pardon, noch blütenweißen.

Wortlos entscheiden mein Bruder und ich, dass der Neuankömmling in der heimischen Küche auf Herz und Nieren geprüft werden muss. Zuerst steht der Matchbox-Härtetest auf dem Programm. Hierfür gibt es strenge Prüfrichtlinien. Ein Opel Senator in mittelbraun muss aus Körperhöhe, also ungefähr einem Meter, im freien Fall auf den neuen Boden fallen gelassen werden. Diese Aufgabe kann nur von meinem großen Bruder übernommen werden. Ich bin noch zu klein und kämpfe noch erfolglos mit der geordneten Fortbewegung zu Fuß. Mit lautem Krachen schlägt der

Opel auf. Unglücklicherweise auf einer Fliesenkante. Unglücklicherweise mitten im Raum. Unglücklicherweise splittert ein Stück Fliese ins Nirwana.

Meine Mutter sprintet um die Ecke und erfasst blitzschnell die Situation. Ihre Augen werden groß und größer, ihre Sorgenfalten ebenso. Sie schlägt schluchzend die Hände über dem Kopf zusammen. „Das gibt es doch nicht. Man kann euch wohl keine Sekunde aus den Augen lassen. Die schönen neuen Fliesen." Und sie streicht über den Boden, als gilt es, dem gestorbenen Schäferhund der Familie ein letztes Geleit zu geben.
Anteilnahmslos an die Getränkekiste gelehnt, verfolge ich die Szene. „Ist halt schlechte Qualität, Mama. Leg halt einen Läufer drüber, das passt schon." denkt es in mir. Sagen tue ich nichts. Kann ich noch nicht. Aber Schnuller lutschen und meinem großen Bruder bei der TÜV-Zertifizierung zusehen, das kann ich schon.

Wenn man hinten aufgehört hat, kann man vorne wieder anfangen

Nachdem sich die Terrakottafliesen in der Küche seit einem guten Jahr bewährt haben, entschließen sich meine Eltern dazu, auch den Bodenbelag im Flur zu erneuern. Der Flur ist als Zubringer zu den anderen Zimmern traditionell etwas stiefmütterlich mit erhellenden Fenstern gesegnet. Es empfiehlt sich daher, einen hellen Bodenbelag zu wählen, der den Flur freundlich erscheinen lässt. Die Wahl eines hellen Teppichbodens ist allerdings erst dann ratsam, wenn die Kinder schon aus dem gröbsten heraus sind. Ich bin jetzt eine halbe handvoll Finger alt und mein Bruder kommt in absehbarer Zeit in den Kindergarten.

Mein Vater kehrt an diesem Abend wie immer gegen sechs Uhr von der Arbeit heim und stellt seine Straßenschuhe – modische, piemontrote, italienische Ledertreter mit einem ebenfalls ledernen Bommel daran – schön brav neben die Eingangstür in ein eigens dafür gekauftes Schuhregal und schlüpft in seine sauberen deutschen, verfilzten Pantoffeln. Tja, tagsüber ist der Filz im Job, abends am Fuß. Typisch deutsch.

Ich hege seit einigen Tagen starkes Interesse an den Bommeln von Papas Schuhen. An diesem Abend komme ich nicht umhin, meiner großen Liebe nachzugeben.

Mama bürstet gerade die letzten Reste unseres leckeren Schokokuchens aus den Sitzmöbeln, die ich so liebevoll auf dem Polster verrieben habe. Papa tritt mit einem „Bah, was ein Suddelwetter da draußen." in das Wohnzimmer ein, nachdem er den obligatorischen Schuhwechsel vollzogen hat. Ich nähere mich unbehelligt der Eingangstür. Liebevoll nehme ich die beiden Mokkasinns aus dem Regal und ziehe sie mir an. Passt wie angegossen. Ich schlurfe über den Gang in Richtung Wohnzimmer, um meine neue Errungenschaft meinen Eltern zu demonstrieren. Sie werden mächtig stolz sein auf mich. Trara! Ich schlüpfe durch die Wohnzimmertüre ins Blickfeld meiner Eltern. Sie sehen mich an und reißen ihre Münder zu einem herzhaften Lachanfall auf. Meiner Mutter bleibt jedoch das Lachen im Halse stecken. In Sekundenbruchteilen weicht ihr freudiger Gesichtsausdruck einem blanken Entsetzen. „Oh nein, schau nur, was du da machst. Oh, nein! Dreh dich doch mal um Kind. Die Schuhe sind ja klatschnass und voller Lehm." Ich drehe mich in den Schuhen um. Tatsächlich. Wer war denn das, verdammt?

Meine Mutter stürzt zum Gang hinaus. Nach einer Schrecksekunde lehnt sie sich geschlagen an die Flurwand und streicht mit ihrer Hand durchs Haar. „Hier hat man nie Feierabend. Wenn man hinten mit dem Putzen fertig ist, kann man gleich wieder von vorne anfangen." Sie dreht sich zu mir um „Und du bringst sofort wieder die Schuhe dahin, wo du sie her hast." Alles klar Mama. Ich setze mich in Bewegung, als es einen Schrei setzt „Aber nicht in den Schuhen. Nimm sie gefälligst in die Hand und trage sie raus!" Ok, Ok. Ich hab ja alles im Griff. Ich packe mit beiden Händen die lehmnassen Schuhe und trage sie so gut es geht zu ihrem Bestimmungsort. Bedauerlicherweise stolpere ich über die Telefonschnur im Flur. Die Schuhe fliegen mir aus den Händen und prallen von der Textiltapete ab. Es bleibt ein klitzekleiner Schmutzstriemen. Aber nur ganz klein, ehrlich. Hinter mir höre ich einen dumpfen Schlag. Meine Mutter sitzt völlig zerstört auf dem Flurboden und stammelt nur noch „Womit habe ich das verdient?" Ich wähle den direkten Weg in mein Zimmer und ziehe es vor, erst wieder zum Abendbrot aufzutauchen.

Ihr seid schuld an meinen Magengeschwüren

Ein Durchschnittstag einer Nur-Mutter bei vier- bis sechsjährigen Bengeln sieht meiner Erinnerung nach so aus:

Morgens wird erst einmal anständig der Kaba über die frische Tischdecke geleert. Das bringt den Puls der Mutter aus dem Schlaf – in den Wachzustand. Nach diesem kleinen Frühsport bringt Mama mich zum Kindergarten. Auf dem Weg dorthin examiniere ich ausgiebig die Lautstärke der Garagentore durch lautes Faustklopfen. Dann schalte ich meinen Sechszylinder Turbo ein und biege mit lautem Reifenquietschen und lenkenden Armen in den Vorgarten der Nachbarn ein. Die erwarten mich bereits sehnlichst hinter ihrer Küchengardine. Meine Mutter grüßt verstört und entschuldigend zugleich und zieht mich unsanft aus dem Rosenbeet, in das ich versehentlich gestrauchelt bin. Dem ersten Nervenzusammenbruch nahe, liefert mich meine Erzeugerin im Kindergarten ab. Die freuen sich alle sichtlich über mich.

Meine Mutter wird die nächsten Stunden damit verbringen, die Wohnung in einen Zustand zu bringen, die diesen Namen verdient hat. Ich habe ihr ein paar kleine Aufgaben gestellt. Der Briefkastenschlüssel befindet sich heute in der kleinen Vase neben der Anrichte und ihren linken Hausschuh wird sie hoffentlich unter dem Bett meines Bruders finden. Das sollten lösbare Aufgaben sein.

Meine Mama freut sich, mich am frühen Nachmittag wieder empfangen zu dürfen. Der Rückweg verläuft weitgehend reibungslos. Gut, ob man jetzt seiner Mutter eine Handvoll Hundekot schenken muss, sei dahin gestellt.

Zu Hause angekommen, fängt es bitterlich an zu gießen. Der Rest des Tages findet wohl in den eigenen vier Wänden statt. Meine geliebte Mama erklärt sich bereit, mit mir zu puzzeln. Ich puzzle für mein Leben gern. Heute puzzeln wir ein Zoomotiv. Meine Mama beginnt und legt die ersten Teile für einen Affen, einen Elefanten und eine Giraffe. Das Telefon klingelt und ich übernehme das Puzzeln hauptamtlich. Mit der mir gottgegebenen Intelligenz baue ich zielsicher den Rüssel an die Giraffe, lasse den Elefanten an der Südfrucht schnuppern und den Affen mit seinem Rüssel am Baum festklammern. Meine Mutter gesellt sich wieder zu mir. Ihr Erstaunen über meine Kreativität hält sich sichtlich in Grenzen. Sie entwendet mir den Hammer, mit dessen Hilfe ich die Passform der Puzzleteile erhöht habe und verlässt mit einem „Oh Kind, wohin soll das noch führen." murmelnd mein Kinderzimmer.

Der Abend bricht an und die Familie versammelt sich zum Abendessen. Mein Bruder und ich spielen jauchzend mit dem Schinken Fangen, bis meine Mutter dazwischengeht. Ihr ist sichtlich der Hunger vergangen: „Wenn ich einmal ein Magengeschwür bekomme, dann dürft ihr drei mal raten, wem ich das zu verdanken habe." Sie würgt sich lustlos eine Stulle Brot in den Hals und fällt ermattet vor den Fernseher, den sie bis nach den Tagesthemen nicht mehr verlassen wird.

Hätte ich mir lieber einen Hund gekauft

Es war wieder ein harter Tag für Mama. Die ganze Zeit war ich unartig. Sie lässt sich am Abend in ihren Fernsehsessel fallen, seufzt tief und murmelt resigniert „Hätte ich mir lieber einen Hund gekauft. Dann hätte ich den ganzen Ärger nicht." Ich schaue sie aus meinen großen Kulleraugen an. Was sagt sie da? Lieber einen Hund als mich? Die logische Reaktion in mir ist: ich hasse ab sofort Hunde. Sie werden zu meinen erklärten Feinden. Nur wenn ich alle Hunde im nächsten Umfeld meiner Mutter ausschalte, wird mich meine Mama wieder lieben.

Mein Plan ist simpel. Ich werde jede Gelegenheit nutzen, die Nachbarshunde zu provozieren. Irgendwann werden sie so entnervt sein, dass sie von selbst ausziehen – oder aber so kläffen, dass sie meiner Mama auf die Nerven gehen und sie letztlich feierlich widerruft. Ein einfaches „Mein Schatz, nie würde ich dich gegen einen Hund tauschen!" würde mir ja schon reichen.

Mein Ziel ist hoch gesteckt. Wir leben in einem Hochhaus mit weit über einhundert Familien. Der Hundefuhrpark des Hauses bietet nahezu alles. Eine stoische Dogge, die mir bis auf Augenhöhe reicht. Ein völlig bekloppter Dackel, der auch beim dritten Mal noch bei der Hundeprüfung durchgefallen ist, weil er es nicht geschafft hat, sein Herrchen wiederzufinden, wenn sich dieses hinter einer zehn Meter entfernten Holzwand versteckte. Dann gibt es einen Modeköter, der fürchterlich schnarcht und sabbert. Der schmiegt sich mit Vorliebe im Aufzug an Herren in edlen Zweireihern. Das hat er von seinem Frauchen. Ob die allerdings auch schnarcht und sabbert, entzieht sich meiner Kenntnis. Der nächste Tag bricht an. Das

Wetter ruft nach Spielen an frischer Luft. Die Aufgaben sind klar, ich schreite zur Tat.

Phase eins: Ich spiele im Hof mit einem Tennisball Fußball. Meine Mutter kommt gegen zwölf Uhr vom Einkaufen nach Hause geradelt und stellt ihr Hollandfahrrad in den Fahrradständer. Der Dackel nebst Herrchen kommt aus der Eingangstür. Der Herr, ein Mitfünfziger der alten Schule, grüßt freundlich. Der Dackel bekommt von mir den Ball in den Hintern gekickt. Im Affekt springt er meiner Mutter in die Beine und jault wie am Spieß. 1:0 für mich.

Phase zwei: Die modische Dame biegt um die Ecke – im Schlepptau, oder besser, an der strassbesetzten Hundeleine, ihr sabbernder Köter. Zeitgleich mit meiner Mama tritt sie in den Hausgang ein. Ich drücke mich mit hinein. Die beiden Damen unterhalten sich über Belangloses, während sie die Treppen zum Aufzug hinaufsteigen. Ich gebe dem Köter von hinten einen dezenten Tritt. Er stolpert und fällt mit seinen Lefzen ans Hosenbein meiner Mama. Aufgrund der sommerlichen Temperatur hat sie heute jedoch das Hosenbein gegen das blanke Bein gewechselt. Der Schleim des Modehundes tropft warm von ihrer Wade herunter. 2:0 für mich. Meine Mama weigert sich nachdrücklich, mit diesem Hund in den Aufzug zu steigen. Es folgen Jahre des kalten Krieges mit dieser Dame und ihrem Schnarchhund.

Phase drei folgt unmittelbar: Herr Frisch mit seiner Dogge kommt gerade in dem zweiten Aufzug heruntergefahren. Es folgt ein kurzer Plausch zwischen ihm und meiner Mama. Die Dogge, ein erhabenes und stolzes Tier, steht wie eine Statue neben ihm. Noch. Ich schleiche mich auf seine Seite und trete ihm auf seinen linken Hinterlauf. Das Bellen der Dogge kann man bis in das vierte Stockwerk hören. Der Widerhall im Eingangsflur ist beachtlich. Der Schreck in den Gliedern meiner Mutter ebenso.

Hastig verabschiedet sie sich von Herrn Frisch und fällt ermattet in den Aufzug. „Diese Köter bringen mich noch um den Verstand!" Ein Siegeslächeln huscht über mein Gesicht. „Heißt das, du hast mich lieber als wie einen Hund?" Fragend schaut mich meine Mutter an. „Wie kommst du denn da drauf?" „Gestern Abend hast du gesagt, du hättest dir lieber einen Hund gekauft, als mich zu behalten." erwidere ich leicht trotzig und verschränke die Arme vor der Brust. „Aber Schatz. Das würde ich nie tun, das weißt du doch." Sie setzt mir einen dicken Kuss auf die Stirn. Mein Gesicht erhellt sich. Mama ist doch die Beste. Manchmal sagt sie halt blöde Sachen, wenn sie weinerlich ist. Und ich finde Hunde ab sofort wieder klasse. Sie sind auch heute noch dicke Freunde von mir, ehrlich.

Die Enzyklopädie der weinerlichen Mama:

Jeder Spruch eine Träne. Hier ist die Gesamtübersicht.

So etwas gab es früher nicht

1. Ich wollte, ich hätte so eine Jugend gehabt.
2. Euch geht es viel zu gut.
3. Immer aus dem Vollen schöpfen.
4. Diese Jugend heutzutage ...
5. Das hat's bei uns nicht gegeben.
6. Ihr habt ja keine schlechten Zeiten mitgemacht.
7. Du hast doch alle Tage Sonnenschein.
8. Ihr habt ja so eine schöne Kindheit, davon haben wir nur geträumt.
9. Ich musste mir damals das Zimmer mit meinem Bruder teilen.
10. Wir sind jeden Sonntag mit den Eltern in die Kirche gegangen. Da gab's kein „Ich hab keine Lust." Da hätte unser Vater uns was erzählt.
11. Hätte ich mir lieber einen Hund angeschafft.
12. Wenn ihr wüsstet, wie gut ihr`s habt.
13. Warte mal ab, bis du Kinder hast. Dann kriegst du alles zurück.
14. Ich wünsch dir später mal fünf von deiner Sorte.
15. Hoffentlich sind deine Kinder auch mal so.
16. Früher warst du noch lieb.
17. Das hätte ich früher mal wagen sollen.
18. Das hätte ich mir früher mal erlauben sollen.
19. Das hätte ich mal zu meiner Mutter sagen sollen.
20. Ich hätte mich nie getraut, so mit meiner Mutter zu reden.
21. Vor der Ehe haben wir früher nicht ..., na du weißt schon.
22. Früher hatte man noch Respekt.
23. Wenn wir das damals gehabt hätten ...
24. Ihr seid noch mal der Nagel zu meinem Sarg.
25. Wir mussten früher Kilometer zur Schule laufen.

Papa

1. Du wirst deinem Vater immer ähnlicher.
2. Papa will sich scheiden lassen, weil du so böse bist.

3. Wart nur, wenn Papa heimkommt.
4. Sprich mal ein Machtwort, Vati.
5. Frag Papa.
6. War ja klar, dein Vater und Du, ihr haltet immer zusammen.

Womit hab ich das verdient?

1. Ich bin viel zu gutmütig
2. Ihr ruiniert mich: seelisch, nervlich und finanziell.
3. Ihr seht das alles immer als selbstverständlich an.
4. Unsereins macht und tut alles für euch.
5. Alles muss man alleine machen.
6. Wenn ich das mal bei euch machen würde.
7. Da arbeitet man stundenlang. Und wofür? Für nix und wieder nix.
8. Jetzt habe ich hier gerade alles geputzt ...
9. Ich habe für euch so viele Kindergeburtstage und Konfirmationen geplant, dann könnt ihr ja einmal etwas für mich tun.
10. Ich mach für dich auch nieeeee wieder irgendwas.
11. Ich bin für dich doch nur eine bessere Putze.
12. Ich bin hier wieder nur das Aschenputtel für alle.
13. Ich bin hier ja wohl der Lakai.
14. Für euch bin ich wirklich nur die Bedienerin.
15. Für wen koche ich denn eigentlich noch, ist doch eh niemand zu Hause.
16. Meine ganze Liebe hab ich dir gegeben. Und nun das.
17. Das bin ich leid wie Steineklopfen.
18. Such dir eben eine andere Mama.
19. Sag niemandem, dass du mein Sohn bist.
20. Ich bin wirklich enttäuscht.
21. Ich werde auch nicht ewig da sein.
22. Dir wär's auch egal, wenn ich tot wäre.

Satansbraten

1. Manchmal wünsche ich mir, wir hätten dich nur adoptiert.
2. Ich verstehe nicht, was du an diesen Comics / Steinen / Hölzern findest.
3. Typisch du.
4. Immer dasselbe.
5. Oh, du bist so gemein. Und undankbar.
6. Mach, was du willst.
7. Du denkst natürlich wieder mal nur an dich.
8. Ich, ich , ich. Aber keiner denkt mal an mich.
9. Daran denkst du. Aber auf die Idee, dass ich das und das brauchen könnte, kommst du nicht.
10. Dumm, faul und gefräßig, das passt zusammen.
11. Müsst ihr immer streiten? Ich wäre froh, wenn ich Geschwister hätte.
12. Etwas Dankbarkeit könntest du schon zeigen.
13. Neh, neh. Was habe ich da nur für eine Brut großgezogen?
14. Kost ja alles nicht dein Geld.
15. Kostet ja alles nix.
16. Du weist ja immer alles besser, aber nachher ist das Gejammer groß.
17. Du machst die Familie kaputt.
18. Du hast mein Vertrauen kaputtgemacht, und ich weiß auch nicht, ob du das jemals wieder gutmachen kannst.
19. Sei aber bitte dieses eine Mal pünktlich.
20. Das kannst du nicht von mir haben.
21. Das habt ihr aber nicht von mir.
22. Mein Gott, was hab ich nur falsch gemacht?
23. Das ist doch kein guter Umgang für dich, Kind.
24. Nimm dir mal ein Beispiel an ...
25. Also wenn du mit deinen Freunden auch so umgehst, dann wundere ich mich aber, dass du überhaupt noch welche hast.
26. Ihr seid Schuld an meinen Magengeschwüren.
27. Schau dir meine grauen Haare an: Die heißen Karsten, Tim und Ruth, so wie ihr.
28. Das merk ich mir meine Liebe, das merk ich mir.

Das Tal der Tränen

1. Ich war auch mal jung.
2. Ihr werdet auch mal älter.
3. Ich geh nie wieder zum Elternsprechtag.
4. Wie oft muss ich dir eigentlich noch sagen, dass ...?
5. In Gottes Willen (Namen).
6. Kind, ruf doch mal an.
7. Also mir wäre so viel zu kalt.
8. Eine Ansichtskarte hättest du ja wenigstens mal schreiben können.
9. Lass mich schlafen.
10. Als wenn man nicht schon genug Ärger hätte.
11. Wenn wir zur Miete wohnen würden, hätten die uns schon ein paar mal rausgeschmissen.
12. Das gibt hier gleich Katschmareck.
13. Na ja, heute kann man so was ja anziehen ...
14. Jetzt schlägt's dreizehn. Das darf doch nicht wahr sein.
15. Dann sag ich eben gar nichts mehr, das hast du dann davon.
16. Wird Zeit, dass die Schule wieder losgeht.
17. Ich mache drei Kreuze, wenn die Schule wieder los geht.

MAMA – DIE FRAGENDE

Obgleich Mama ein wandelndes Wörterbuch ist, verwendet sie gerne in der Erziehung die Frage als Satzform. Höchst selten jedoch weiß sie die Antwort tatsächlich noch nicht. In der Regel will sie uns mit der Frage nur bloß stellen oder uns ein schlechtes Gewissen machen. Und manchmal ist ein Fragezeichen eine stärkere Waffe als drei Ausrufezeichen. Dann verschränkt Mama die Arme vor der Brust, kneift die Augen zusammen und tippt mit dem Wird's-bald-Freundchen-Fuß ungeduldig auf den Boden.

Benimmst du dich in der Schule genauso?

Die Sonne strahlt durch das offene Kinderzimmerfenster auf meinen Schreibtisch. Ich muss noch Französischvokabeln pauken. Genießerisch nehme ich die Füße hoch und lege mir das Buch auf die Schenkel. Dabei erleidet das Mathebuch auf dem Schreibtisch durch meine Ferse ein schönes großes Eselsohr.

Mama kommt herein und sieht mich beim Lernen. „Wie hängst du denn am Schreibtisch? Und schau mal, das gute Mathebuch. Benimmst du dich in der Schule genau so?" Ich drehe mich schmunzelnd zu meiner Mama und erzähle ihr von meiner Unterhaltung heute Vormittag mit meiner Klassenlehrerin. Ich führe aus, dass wir in der Schule an den Bänken Halter für die Schulranzen haben. Diese nutzen wir allerdings fast ausschließlich als Ablage für die Beine. Das erzürnt natürlich die Lehrer, weil sie in dieser rein therapeutisch motivierten Sitzhaltung eher eine Abwehrhaltung, eine Blockade, eine Gleichgültigkeit zu erkennen meinen. Und heute, als mich meine Klassenlehrerin wiederholt ermahnt, die Beine herunterzunehmen, entgegne ich ihr, dass das Hochlegen der Beine zum einen entlastend für die Venen ist und zum zweiten ideal für eine bessere Durchblutung des Kopfes, weil das Blut eben mehr Richtung Kopf fließt. Und da das Ziel der Schule ist, den Schülern Wissen zu vermitteln, tue ich eben alles zur Erreichung dieses Ziels. Meine Mutter setzt sich mit dem „Freundchen-du-hälst-dich-wohl-für-besonders-schlau-Blick" auf das Sofa und nickt mit dem für Mütter typischen „Du-wirst-auch-noch-erwachsen-Nicken". Ich lasse mich nicht ablenken und fahre fort, dass mir meine Lehrerin daraufhin entgegnet, dass ich keine Vorträge halten solle und ob ich mich denn zu Hause genauso benähme, was ich wahrheitsgemäß bejahe.

„Und deswegen Mama, kann ich gar nicht die Füße herunternehmen, weil ich mich sonst der Lüge schuldig mache, verstehst du?" schließe ich altklug meine Ausführungen. Meine Mutter sitzt gelangweilt in der Ecke und klatscht müde Applaus. „Bravo, Monsieur. klasse Vorstellung. Mir ist egal, was deine Lehrer sagen, du nimmst die Füße da runter. Habe ich mich klar und deutlich ausgedrückt?" Noch so eine Mama-Frage. Es ist nahezu unmöglich, es zu überhören und es ist nahezu unmöglich, es nicht zu verstehen. Langsam, wie von Geisterhand bewegt, senken sich meine Füße vom Tisch Richtung Boden. „Schau mal Mama, ein Wunder geschieht. Ich tue da gar nichts dazu, das geht wie von selbst." „Ja ja, natürlich, Sohnemann. Wie von selbst. Mütter haben eben Zauberkräfte." Und damit schließt sie die Tür hinter sich und überlässt mich und meine Vokabeln ihrem Schicksal.

Hast du deine Hausaufgaben schon gemacht?

Dreizehn Uhr. Die Klingel verbreitet die frohe Kunde vom Schulschluss. Wir verabreden uns für den Baggersee um zwei Uhr. So ein schönes Wetter muss man ausnutzen. Schnell radeln wir nach Hause zum Mittagessen. Reingestopft die Kalorien, kurze Siesta gemacht, Sachen gepackt und ab die Post. Auf dem Weg zur Haustür kreuzt meine Mama den Weg. „Schon wieder auf dem Weg? Hast du deine Hausaufgaben schon fertig?" „Wir haben heute nichts aufgekriegt, Mum." Das muss genügen. Ich winde mich an ihr vorbei und will gerade ein „Tschühüüs!" loswerden, als Mutter ein leises, aber bestimmtes „Ach wiiiirklich?" loslässt. Und das „I" ist so schmerzhaft lang gezogen, dass es sich wie ein Messerstich in meine sündige Seele bohrt. „Ich habe jetzt keine Zeit Mum, ich muss weg." versuche ich zu entkommen. „Freundchen, Freundchen, glaubst du, du kannst mich ungestraft anlügen?" Oh Mann, ausgerechnet jetzt wickelt mich Muttern in mein eigenes Spinnennetz ein. Ertappt stehe ich vor ihr. „Sorry, Mum, ich mache die Hausaufgaben nachher, ich verspreche es dir. „Alle?" „Ja, alle." Und tatsächlich sitze ich abends am Schreibtisch und mache alles, wie von den Lehrern aufgegeben. Und tatsächlich lege ich es alles meiner Mama danach noch einmal vor. Ein schlechtes Gewissen trägt manchmal seltene Früchte.

Hast du ein Taschentuch dabei?

Dieser Spruch ist einer der Evergreens unter Mamas Klassikern. Ich kann mich nicht erinnern, wann ich ihn das allererste Mal zu Ohren bekam. Schlimmer aber scheint mir, dass sich nicht absehen lässt, wann ich ihn das letzte Mal hören werde. Denn noch heute passiert es, dass ich mich mit meinen mittlerweile biblischen vierunddreißig Jahren in den Urlaub wage und zum telefonischen Abschied neben dem Standardspruch „Ruf an, wenn du angekommen bist." diesen Satz hier hören muss. Die weitaus unangenehmste Situation im Zusammenhang mit diesem Spruch war allerdings eine andere.

Ich befinde mich im ersten Drittel meiner Pubertät, es sind die Monate zwischen Abitur und Bundeswehrzeit. Ich habe eine Verabredung mit meiner neuen Flamme. Ein wunderbares Mädchen, eine wahre Göttin. Wir kennen uns noch nicht so lange. Ich wohne noch zu Hause. Sie klingelt und kommt hoch. Da sie etwas zu früh ist, habe ich meine Garderobe noch nicht dem erlesenen Gast angepasst. Mir ist die Situation unangenehm, ich schäme mich ein wenig für unsere einfachen Verhältnisse. Ein Klasse-Weib wie sie verweilt sicherlich für gewöhnlich in ganz anderen Kreisen.

Ich gebe ihr hastig einen Kuss und eile ins Zimmer, um mich schnell umzuziehen. Derweil steht meine neue Freundin im Gang und schlägt nervös die Minuten mit meiner lieben Mutter tot.

Ich wickle mich in meine edelsten Stoffe und trete auf den Flur, um meine Freundin zu erlösen. Nach ein paar weiteren belanglosen Sätzen verabschieden wir uns von meiner Mutter. Und dann passiert das Unsägliche: „Hast du ein Taschentuch eingesteckt?" Meine Gesichtszüge versteinern, ein Hitzeschlag übermannt meinen Körper, mein Mund wird staubtrocken. Ich schließe für eine kurze Sekunde die Augen und wünsche, dass meine neue Freundin nie mein Leben betreten hätte, dass es eine UNDO-Taste am Körper gäbe oder einfach nur der falsche Film gespielt würde. Ich öffne die Augen und sehe die gleiche Szene. Lieber Herrgott erlöse mich, nimm mich zu dir ins Paradies. Lass mich Engel werden, gib mir eine Harfe und eine Wolke, aber lass das alles hier nicht passieren.

Der Abend wird ein Hammer. Meine Freundin und meine Mama verschütten sich vor Lachen über den Spruch und verstehen sich von da an blendend. Sie köpfen eine Flasche besten Bordeaux-Wein und ich sitze in meinem Zimmer und schaue mit weichen Knien Sport im Fernsehen. Verstehe einer diese Weiber!

Kocht sie auch so gut wie ich?

Freundinnen kommen, Freundinnen gehen. Dazwischen existieren unterschiedliche Phasen der Beziehung. Zuerst kommt die Kennenlernphase. Mama verhält sich neutral der neuen Dame gegenüber und lässt den Sohn machen. Nach etwa zwei bis drei Monaten, wenn sich ein Ende absehen lässt – ein Ende der Kennenlernphase natürlich – dann kommt die nächste Phase, die Akzeptanzphase. Mama und die neue Schwiegertochter lernen sich kennen und respektieren. Sie ist jung und verdreht dem Sohn den Kopf. Mama ist das Herz, dass es zu gewinnen gilt, wenn man den Sohn behalten will. Die Karten sind klar verteilt.

Die dritte Phase ist die Abnabelungsphase. Sie tritt nach etwa zwei Jahren ein. Die Mutter spürt, dass sich das Herz des Sohnes dieser neuen Frau endgültig verschrieben hat. Der Sohn und seine Freundin ziehen zusammen. Die Beiden richten sich ihr neues Nest ein, tauschen das atemberaubende Cocktailkleid gegen ausgelatschte pinkfarbene Joggingklamotten, ersetzen Pfennigabsätze durch fellbesetzte Hauspantoffeln und legen sich eine gesunde Fettschicht nebst Geheimratsecken und Cellulitis an. Manchmal auch ein Meerschwein oder einen Hasen.

In diese äußerst spannende Lebensphase tritt Mama mit dem neuen Spruch „Sag mal, Sohn, kocht sie eigentlich auch so gut wie ich?" Fangfrage! Niemals antworten! Es ist die gleiche Art Frage wie „Schatz, findest du, dass ich zu dick bin?" Bei diesen Fragen hat der Mann immer verloren. Bejaht er die obige Frage, dann weiß seine Mutter, dass er endgültig weg ist, sie ihren Dienst an der Menschheit getan hat. Verneint er, wird er lebenslänglich mit der Angst leben, dass dies seine Freundin einmal erfahren wird, was wiederum zur Folge hat, dass er von seiner Partnerin unweigerlich verlassen wird. Ein einfaches „Och Mama, hör doch auf mit den kindischen Fragen." scheint hier die beste Alternative. Männern, die nach den ersten dreißig Jahren ihres Lebens tatsächlich die Meisterleistung erbringen, Bohnensuppe zu erwärmen, ohne dass der Boden dabei anbrennt, sei auch die Variante „Ach weißt du Mama, in der Regel koche dann doch ich bei uns zu Hause." geraten.

Hast du Herrn Meier schon „Guten Tag" gesagt?

Ich komme für gewöhnlich noch heute alle ein bis zwei Wochen bei meinen Eltern vorbei, um mit ihnen zu Mittag zu essen. Gelegentlich kommt es vor, dass Nachbarn auf einen Sprung vorbeigeschaut haben, wenn ich gerade zur Tür hereintrete, so auch an einem Sonntag im letzten Frühjahr.

Kaum habe ich die Tür passiert, eilt meine liebe Mutter auf mich zu und stellt mir diese peinliche Frage in Anwesenheit des Herrn Meier. Ich habe schon Firmen in die Insolvenz getrieben, Bäume abgeholzt und Verkehrsunfälle verursacht, da werde ich das doch auch noch hinbekommen, ohne dass meine Mutter mir mit diesem riesigen Zaunpfahl zuwinkt. Wie ein kleiner Schulbub stelle ich mich dann bei Herrn Meier vor und erkundige mich, der Etikette gehorchend, nach seinem werten Wohlbefinden. Um die Posse zu komplettieren, füge ich einen unterwürfigsten Knicks hinzu. Herr Meier, ein rüstiger Rentner vom alten Schlage, schaut verdattert, meine Eltern senken ihren Blick betreten zu Boden. Verunsichertes Schweigen bemächtigt sich der Szene.

Seit diesem Vorfall darf ich erstaunlicherweise die Gäste selbst begrüßen – ohne Etikette, mit meinen Worten, zu einem mir genehmen Zeitpunkt. Es scheint, als sei ich jetzt in den Stand des Erwachsenen aufgestiegen. Ein erhebendes Gefühl, und ein verpflichtendes dazu. Von nun an muss ich die Sprüche meiner Mama und meines Papas weitergeben an die folgende Generation, auf das sie niemals in Vergessenheit geraten. Ein schweres Erbe. Am besten fange ich direkt an. Ich denke, ich werde gleich heute Nacht mein erstes Kind zeugen.

Die komplette Enzyklopädie der fragenden Mama:

Wer nicht fragt, bleibt dumm, sagt ein Sprichwort. Dem zu Folge ist Mama unerreichbar schlau ...

Wer?

1. Wer hat dir das denn eingeredet?
2. Wer hat dir denn den Blödsinn erzählt?
3. Das kommt nie im Leben von dir, wer hat dir denn den Floh ins Ohr gesetzt?
4. Wer fährt?
5. Wer ist denn hier mit dreckigen Schuhen die Treppe hochgegangen?
6. Wer ist dran mit Küchendienst?
7. Wer ist dran mit Abspülen?
8. Wer ist dran mit Müll herunterbringen?
9. Ich hab's ja gleich gesagt, aber wer wollte nicht auf mich hören?
10. Kind, bist du es (nachts um Drei Uhr bei Einzelkindern)?
11. Von wem hat der das bloß?
12. Von wem kommen die Ränder in der Badewanne?
13. Mit wem triffst du dich denn jetzt schon wieder?
14. Soll ich Papa holen?
15. Ist dein Vater Glaser (z.B. Wenn man vor dem Fernseher steht)?
16. Trinkt der auch nicht?

Wie?

1. Wie stellt ihr euch das eigentlich vor?
2. Wie siehst du denn aus?
3. Sag mal, wie alt bist du?
4. Wie lange dürfen die anderen denn weg?
5. Wie, schon wieder Freistunden? Lehrer müsste man sein.
6. Na, wie war die Schule?
7. Und wie ist der (neue Freund) so? Nett?
8. Und wie willst du damit Geld verdienen?
9. Kannst du mir mal bitte erklären, wie ich das und das mit dem Computer machen muss?

10. Wie sieht denn das hier wieder aus?
11. Wie kommst du zurück?
12. Wie siehst du schon wieder aus?
13. Wie oft muss ich denn das noch sagen?
14. Wie oft hab ich euch schon gesagt ...?
15. Wie kann man so was vergessen (wenn man „vergessen" hat, den Geschirrspüler auszuräumen)?
16. Bist du zu deinen Freunden auch so?

Was?

1. Was soll ich denn kochen?
2. Und was ist der Dank?
3. Was soll aus dir nur einmal werden?
4. Was soll nur aus dir werden?
5. Was wäre sonst aus dir geworden?
6. Was bildest du dir eigentlich ein?
7. Was hab ich gesagt?
8. Und was hast du daraus gelernt?
9. Weißt du endlich, was du einmal werden willst?
10. Was heißt: du kommst nicht am Muttertag?
11. Was machst du denn im Winter, wenn du jetzt schon frierst?
12. Was sagen eigentlich deine Freundinnen, wenn das bei dir so aussieht?
13. Was hast du jetzt schon wieder angestellt?
14. Was redest du denn da für einen Schmarren?
15. Und was machen ihre Eltern? Ist sie denn auch ordentlich? Woher kennst du die denn (neue Freundin)?
16. Und was machen seine / ihre Eltern so?
17. Was hab ich nur falsch gemacht?
18. Was hast auf (an Hausaufgaben)?
19. Oh Gott, was ist aus dir geworden?

Warum?

1. Warum haben dumme Mütter immer sooo schlaue Kinder?
2. Warum nicht gleich so?
3. Warum einfach, wenn's auch umständlich geht?

4. Warum bist du nicht wie alle Kinder?
5. Warum hat Gott mich nur mit dir so gestraft?
6. Warum müsst ihr immer alles anfassen?
7. Warum könnt ihr mir nicht auch mal einen Gefallen tun?

Wann?
1. Was glaubst du denn, wann ich mit 16 zu Hause sein musste?
2. Schläfst du immer noch nicht?
3. Schmollst du wieder?
4. Ist der Kaffee schon fertig?
5. Wann kommst du wieder?
6. Geht das schon wieder los?
7. Glaubst du, ich räume dir bis an mein Lebensende immer alles hinterher?

Wo?
1. Wo willst du denn jetzt noch hin?
2. Wo ist meine schwarze Tasche?
3. Sind wir hier bei Rockefellers?
4. Bist du im Urwald aufgewachsen?
5. Benimmst du dich in der Schule auch so?
6. Stellst du in der Schule auch so blöde Fragen?
7. Glaubst du eigentlich, das Geld wächst bei uns auf Bäumen?
8. Wo kommt bloß die ganze schmutzige Wäsche her?
9. Wo gehst (bzw. willst) du hin?
10. Bist du im Zirkus groß geworden?
11. Wo soll das noch mal hinführen?
12. Wo ist der Autoschlüssel?
13. Bist du in den Farbtopf gefallen?

Kannst?
1. Kannst du nicht fragen?

2. Kannst du nicht ein Mal deine Wäsche ordentlich in den Schrank legen?
3. Kannst du nicht mal eine nette Bluse anziehen?
4. Kannst du noch was anderes außer Fernsehen?
5. Kannst du nicht einmal die leeren Joghurtbecher mit aus deinen Zimmer nehmen?
6. Kann sie auch so gut kochen wie ich?

Willst?
1. Willst du nicht oder kannst du nicht?
2. Willst du mich auf den Arm nehmen?
3. Willst du, dass ich sterbe?
4. Willst du nicht was zu essen mitnehmen?
5. Willst du nicht die Hand geben, wenn du unsere Gäste begrüßt?
6. Willst du nicht langsam mal aufstehen?
7. Du willst doch so nicht rausgehen?
8. Du willst wohl einen in den Nacken?
9. So willst du da hingehen (z.B. zu Familienfeiern)?
10. Mit so dreckigen Händen willst du an den Tisch?

Hast?
1. Hast du keine Hausschuhe?
2. Hast du heute schon deine Vitamine gegessen?
3. Hast du dir die Hände gewaschen?
4. Hast du deine Hausaufgaben schon gemacht?
5. Hast du schon ein Weihnachts- / Geburtstagsgeschenk für Tante / Onkel / Oma / Opa?
6. Hast du die Zähne schon geputzt?
7. Hast du keine Schule?
8. Hast du dich jetzt endlich mal mit deiner Zukunft befasst (nach dem Auszug von daheim)?
9. Hast du mich mal so was sagen hören?
10. Hast du schon deine Pausenstullen für morgen geschmiert?
11. Hast du Herrn Schröder schon einen guten Tag gesagt?
12. Hast du den Mund verschluckt (wenn man nicht einen guten Morgen wünscht)?

13. Hast du das Frühstück bei?
14. Hast du ein Taschentuch dabei?
15. Hast du ein Taschentuch einstecken?
16. Hast du dir auch die Ohren gewaschen?
17. Hast du Bohnen in den Ohren?
18. Hast du saubere Fingernägel?
19. Hast du noch schmutzige Kochwäsche?
20. Hast du dir das auch gut überlegt?
21. Hast du geraucht?
22. Habt ihr Säcke vor den Türen?
23. Habt ihr die Klassenarbeit schon zurück?
24. Habt ihr das jemals von mir gehört?
25. Hab ich es dir gesagt, oder hab ich es dir nicht gesagt?
26. Habe ich mich klar und deutlich ausgedrückt?
27. Haben wir uns verstanden?

Muss?

1. Muss man immer erst laut werden?
2. Muss ich immer an alles denken?
3. Muss ich immer alles drei mal sagen?
4. Muss man mit euch immer erst schimpfen?
5. Muss das eigentlich jeden Abend so spät werden?
6. Muss schon wieder eine neue Milch aufgerissen werden?
7. Müsst ihr immer bis in die Puppen tanzen gehen?
8. Müsst ihr euch immer zanken?
9. Musst du so am Tisch herumhängen?
10. Sag mal, muss der Video laufen, während du Fernsehen kuckst?

Eine Frage habe ich da noch

1. Sitzt du auf deinen Ohren?
2. So, hörst du?
3. Deckst du bitte den Tisch?
4. Ja seid ihr denn von allen guten Geistern verlassen?
5. Aber sonst geht' s euch gut?
6. Schämst du dich gar nicht?
7. Kommt die jetzt öfter?

8. Ist das so schwer?
9. Ist das zuviel verlangt?
10. Ist dir das wiiirklich 50 Mark wert?
11. Ist das etwa auf deinen Mist gewachsen?
12. Bist du verrückt?
13. Bist du am Flughafen geboren?
14. Seid ihr eigentlich noch gescheit / bei Trost?
15. Meinst du eigentlich, wir kriegen alles geschenkt?
16. Wofür kriegst du eigentlich dein Taschengeld?
17. Und zum Weggehen bist du also nicht zu müde?
18. Wenn der Marco aus dem Fenster springt, tust du es dann auch?
19. Fräulein, haben wir uns verstanden?
20. Siehst du bei unserem Kind irgendeine Reaktion? Die Reaktion ist gleich Null (zum Vater).
21. Junge, iss doch noch – oder schmeckt dir Mutters Essen etwa nicht?
22. Bin ich dir nichts mehr wert?
23. Na, und?
24. Soll ich dir auch noch den Hintern abwischen?
25. Sollen wir uns das Geld aus den Rippen schneiden oder was?
26. Sind deine Ärmel zu lang? Das sieht aus als hättest du keine Hände.
27. Wieder die Schüssel angebetet?
28. Weißt du, dass Rauchen schädlich ist?
29. Aber du trinkst nichts, wenn du fährst, oder?
30. Wovon träumst du nachts?
31. Welchen Teil von NEIN hast du nicht verstanden?
32. Noch Wünsche?
33. Wohnst du in der Parfumflasche?
34. Du isst ja so wenig, schmeckt es dir nicht?
35. Männeken, langsam wirst du ganz schön frech, kann das sein?
36. Sag mal, kriegst du graue Haare?
37. Bringst du mir den ... heut ins Bett?
38. Kribbelts jetzt in deinem Bauch?

DER LESER HAT DAS WORT

Die Idee zu Mamas Klassiker existiert bereits seit 1999 und wurde von Sven Häwel und Michael Böttger zuerst im World Wide Web publiziert. Unter der Internetadresse www.Mamas-Klassiker.de haben die Autoren eine Sammlung von über 800 Sprüchen veröffentlicht. Via E-Mail erhalten sie jeden Tag humorvolle, skurrile und herzerfrischende Mails ihrer Leser. Im folgenden sind die besten Lesermails auszugsweise veröffentlicht.
Viel Spaß beim Lachen!

Deutsche Sprache schwere Sprache

Hier ein Spruch den ich in einer Imbissbude gehört habe.
Ein Kind spielte an den Geldspielautomaten herum.
Die Mutter maßregelt sie:
„ ...Geh von da!"
„Ich hab gesagt, du sollst von da gehen ..."
Der Rest ging in meinem Lachanfall unter ...

Oma gibt Gas

Ich saß mit meiner Oma und meinen Geschwistern vor dem Fernseher und meine Oma musste sich mal wieder diese „tollen" Musik-Videos angucken (super toll: Ost-Rock) ... Plötzlich überkam meinen jüngsten Bruder (12) ein ungeheuerlicher Lachkrampf ...
Meine Oma rastete aus: „Und wenn du deine Videos guckst, dann schreie und klappere ich auch mal durch die Gegend, auf dass du nichts mehr hörst!"
Und das stelle man sich bitte mal bildlich bei einer etwa 62-jährigen Rentnerin vor ...
Nun, mein Bruder hörte natürlich nicht auf und es bewirkte genau das Gegenteil: der Lachkrampf breitete sich aus, so dass meine Oma anfing, meinem Bruder hinterher zu rennen und den Knüller überhaupt los ließ:
„Ich könnt dir in den Arsch treten, dass die Lumpen kotzen!"
So und das bitte auch noch einmal bildlich vor Augen führen *zwinker* ...
Es endete damit, dass meine Oma völlig verzweifelt aufgab und sich in ihren Sessel nieder ließ, um den Rest nicht auch noch zu verpassen ...

O.k., ich weiß, dass ist natürlich nicht ein Spruch meiner Mutter, aber vielleicht erkennt der eine oder andere seine Mutter hier wieder *grins*.
Na, dann viel Spaß noch ...

Dummheit regiert die Welt

Im Alter von 20, als armer Student, wohnte ich noch zuhause und konnte mir bezüglich irgendeiner Schnapsidee immer von meiner Mutter folgendes anhören: „Je älter du wirst, desto blöder wirst du auch!"
Worauf ich kurz überlegte und meinte: „Mhm, du bist jetzt 43 ..."
Ich musste zwar kurz in Deckung gehen, aber der Spruch kam nie wieder!

Out of Africa

Mama erbost: „Ich werd gleich zur afrikanischen Wildsau!"
Ich hab leider die Verwandlung nie abgewartet. Mit Abstand betrachtet wäre dies sicher ein interessantes Erlebnis geworden.

Trampertier

Sprüche, mit denen man Mama ärgern kann:
Folgende Situation: Mama will kein Geld für die Disco geben: „Dann trampe ich halt. Einem netten jungen Mädchen wird nachts auf der Landstraße schon nichts passieren ..."
P.S. Was ist ein Pullover? Ein Kleidungsstück, das man anziehen muss, wenn der Mutter kalt ist.

Sing, Nachtigal, sing

Wenn meine Schwester und ich zum Beispiel am Essenstisch gesungen oder gepfiffen haben, hat unsere Mutter früher immer gefragt: „Singt ihr morgen auch noch?" Wenn wir dann verneinten, hieß es: „Dann braucht ihr heute auch nicht zu singen!". Wenn wir allerdings „Ja!" sagten, hieß es: „Dann braucht ihr nicht heute auch schon singen."
Ja und dann war es aus mit dem Singen.
Dieses lustige Spielchen wurde, man glaubt es kaum, mit jeder Tätigkeit gespielt!

Mama ist die beste Köchin der Welt

Hier mein Spruch, der mich meine gesamte Kindheit begleitet hat – ich würde sagen, der gehört in eine Kategorie, die es bei euch noch nicht gibt: „Mama – die Selbstbemitleidende!"

Folgende Situation: Mutter hat gekocht und mal wieder keiner hat gesagt, wie toll sie das Essen gemacht hat und wie gut es allen schmeckt.

Daraufhin Mama: „ Also mir schmeckt´s!"

oder

„Mann, war der Koch heute wieder gut!"

Sex ist wie Radfahren

Meine Mama hat mir, wenn ich Liebeskummer hatte, immer folgendes gesagt:

„Lass ihn zischen, ´s gibt ´nen Frischen!"

Als ich daraufhin längere Zeit keinen Freund hatte und mich bei ihr beschwerte „Ich weiß schon gar nicht mehr, wie das mit dem Sex geht ..."

sagte sie: „Kindchen, das ist wie Fahrrad fahren, wenn du es einmal kannst, dann kannst du es für immer."

Beim Wort genommen

Als ich im Hochsommer einmal abends in die Disco ging, bekam ich von meiner Mutter zu hören. „Anständige Mädchen kommen im Hellen nach Hause."

Daraufhin feierte ich durch und kam erst zum Frühstück heim. Meine Mutter konnte nichts sagen.

SMS

Freitagabend, 21.00 Uhr, bin bei 'nem Freund, sind beide fast 18 Jahre alt. SMS von meiner Mutter:

„Wo bist du und wann kommst du nach Hause? Die Spülmaschine ist auszuräumen!" Äußerst peinlich ...

Die Wahrheit tut manchmal weh

Also mein ultimativer Mama-Spruch lautet: „Du hasst mich, nicht wahr?"

Ich hatte einmal die Nerven, darauf wahrheitsgemäß mit „Ja" zu antworten. So perplex habe ich vorher und danach nie wieder einen Menschen dreinschauen sehen!

In diesem Sinne, liebe Grüße, und ich werde niemals Kinder haben!

DIE SCHÖNSTEN DIALOGE

Es gibt sie, die typischen Dialoge in deutschen Familien. Tausendfach am Tage hallen diese kurzen Schlagabtausche durch unsere Wohnungen und Häuser – perfekt inszeniert und immer in der gleichen Wortfolge – beeindruckend, manchmal etwas aggressiv doch immer sehr amüsant.

Kind: „Wann kommt ihr wieder?"
Mama: „Wenn wir wieder da sind."

Kind: „Was wünschst du dir zum Geburtstag?"
Mama: „Liebe Kinder."

Mama: „Du kommst um halb 11 nach Hause!"
Kind: „Bitte um 11 Uhr, bitte, bitte."
Mama: „Gut, dann halt um 10 Uhr!"

Mama: „Und vergiss nicht: man kann auch ohne Alkohol zu trinken lustig sein!"
Kind (26): „Vergiss nicht: man kann auch ohne lustig zu sein, Alkohol trinken!"

Tochter: „Mama, wo ist Links?"
Mama: „Da, wo der Daumen rechts ist!"
Tochter: „Und wo ist Rechts?"
Mama: „Natürlich da, wo der Daumen links ist."

Kind: „Ich habe aber keine Lust!"
Mama: „Für die Lust werden wir nicht bezahlt, sonst wären wir woanders."

Tochter: „Und, Mama? Wie fandest du meinen neuen Freund?"
Mama: „Es war nicht der Erste und es wird nicht der Letzte sein."

Kind: „Ich gehe duschen."
Mama: „Ist gut, aber schwimm nicht so weit raus."

Mama: „Kind, fahr vorsichtig."
Kind (43 Jahre, Außendienstler): „Ja, Mama. Aber ich kann doch Auto fahren."
Mama: „ Man muss immer mit der Doofheit Anderer rechnen."

Kind: „Mama, darf ich das machen?"
Mama: „Frag Papa."

Papa: „Frag Mama!"

Mama: „Wenn Papa ja sagt, sag ich auch nicht nein."

Papa: „Lass Mama das entscheiden."

Mama: „Rolf, entscheide du doch mal!"

Papa: „Nein, du!"

Mama (zum Kind): „Ach, mach doch, was du willst."

Mama: „Dass dir in der Kneipe nichts passiert, ich mach mir Sorgen um dich!"

Sohn (25): „Aber Mutter, bei der Marine sind wir mit einem altersschwachen Zerstörer bei Windstärke 11 durch die Biscaya gefahren und mir ist nichts passiert!"

Mama: „Da wusste ich dich ja auch in guten Händen!"

Kind: „Oh Mama, ich hab echt keinen Bock, Vokabeln zu pauken."

Mama: „Kind, man lernt nicht für die Schule, man lernt fürs Leben!"

Mama: „Mhh, das schmeckt."

Sohn (35): „Also mir schmeckt es nicht."

Mama: „Keine Widerrede, das schmeckt."

Kind: „Autsch. Ist die Suppe heiß."

Mama: „Tja, wurde ja auch nicht auf der Fensterbank gekocht. Kalt kochen kann man eben nicht."

Tochter (19): „So, ich gehe jetzt auf die Party."

Mama: „Wann bist du wieder zu Hause?"

Tochter: „Weiß noch nicht."

Mama: „Dann ruf bitte an, wenn es später wird.

Mama: „Als ich so alt war wie du, hatte ich nur Einser und Zweier im Zeugnis."

Sohn (17): „Ich dacht, du hast nach der Volksschule eine Lehre gemacht und kein Abitur."

Mama: „Das tut nichts zur Sache."

Kind: „Ich habe es eilig.“
Mama: „Lieber erst um Zehn zu Haus, als zehn vor Zehn im Krankenhaus!“

Tochter: „Mama, ich glaub, ich krieg nie einen Mann ab.“
Mama: „Der Knochen, der für dich bestimmt ist, den verschleppt dir kein Hund.“

Sohn: „Mama, ich glaube, es ist Zeit für mich zu heiraten.“
Mama: „Man muss ja nicht gleich die ganze Kuh kaufen, wenn man mal Milch trinken will.“

Sohn: „Ciao Mama, ich geh jetzt in die Disco.“
Mama: „Kind! Mach mir keinen tot und keinen lebendig.“

Mama: „Kind, bring mal den Müll runter!“
Ich: „Ja, sofort!“
Mama: „Nicht sofort, JETZT!“

Die Tochter hat mal wieder etwas lustlos die Treppe geputzt.
Mama: „Wohnen wir in einem Turm oder was?“
Tochter: „Wieso?“
Mutter: „Da gibt es nur runde Räume und keine Ecken zum Putzen!“

Mama: „Als ich in deinem Alter war, habe ich noch auf meine Mutter gehört.“
Sohn (24): „Stimmt nicht, du hast Paps geheiratet.“
Mama: „Freundchen, jetzt werde nicht frech!“

Mama: „Nur Schlampen tragen Kondome mit sich herum.“
Tochter (19): „Äh, Mama, gerade die nicht ...“

Mama: „Ich war noch Jungfrau, als ich Papa geheiratet habe.“
Tochter (8): „Und jetzt nicht mehr?“

Mama: „Ich war noch Jungfrau, als ich Papa geheiratet habe.“
Tochter (18): „Da hat mir Papa aber was anderes erzählt.“

Sohn (9): „Mama, ich weiß, was ich dieses Jahr zu Weihnachten für Geschenke kriege."

Mama: „Was? Geschenke? Dieses Jahr gibt es keine Geschenke!"

Mama: „Da hat jemand für dich angerufen."

Kind: „Wer?"

Mama: „Weiß nicht. Habe es nicht verstanden. Aber du sollst ihn dringend zurückrufen."

Kind: „Na klasse."

Kind: „Mama, das Essen schmeckt nicht."

Mama: „Macht nichts, im Bauch ist es eh dunkel."

Kind: „Mama, für mich ganz viel Nudeln!"

Mama: „´Viel´ fährt der Bauer auf dem Wagen."

Kind: „Iiiih, Mama, Spinat mag ich nicht."

Mama: „Da ist viel Eisen drin, iss!"

Kind: „Mag aber nicht."

Mama: „Denk an Popeye!"

Tochter (16): „Oh, Mama, schau mal das tolle Kleid hier im Katalog!"

Mama: „Jaah, man kann sich viel kaufen, wenn man das nötige Kleingeld hat."

Sohn (10): „Mama, was ist das?"

Mama (36): „Sohn, du darfst alles essen, du darfst alles trinken – aber du darfst nicht alles wissen."

Mama (56): „Sohn, was machst du da?"

Sohn (30): „Mama, du darfst alles essen, du darfst alles trinken – aber du darfst nicht alles wissen."

Kind: „Ist mir egal."

Mama: „Egal ist Käse. Der stinkt von allen Seiten."

Mama: „Keiner erkundigt sich mal, wie es mir geht."
Kind: „Wie geht´s dir denn, Mama?"
Mama: „Och Kind, frag nicht."

Sohn (37, am Telefon): „Ja, bitte?"
Mama: „Ich bin es, deine Mutter."
Sohn: „Hi, Mum."
Mama: „Ich wollte nur mal wieder deine Stimme hören."

Kind: „Oh Mann, ich bin irgendwie so müde heute."
Mama: „Müde? Hast du schon mal müde Äpfel gesehen? Ich kenn nur Faule."

Sohn (14): „Ach. Mum, das schnallst du eh nicht."
Mama: „So kannst du mit deinesgleichen reden, aber nicht mit mir."

Mama: „Warum isst du nicht?"
Kind: „Ist mir zu heiß."
Mama: „Ist überhaupt nicht heiß."

Kind: „Der Rotkohl schmeckt nicht."
Mama: „Also meiner schmeckt gut."

Kind: „Mama, ich mag doch keinen Mais."
Mama: „Probier doch nur mal, schmeckt gut heute." oder „Probier doch wenigstens mal, ich hab mir solche Mühe gegeben. Brauchst ja nicht auf-zuessen."

Morgens vor der Schule:
Kind: „Ich bin krank."
Mama: „Geh trotzdem hin. Wenn es dann doch nicht geht, kannst du ja immer noch nach Hause kommen."

Vor einer Klausur:
Kind: „Aber ich hab es mir gestern alles noch mal angesehen."
Mama: „Ich hab mir auch Olympia im Fernsehen angesehen und kann trotzdem nicht Skispringen / Eiskunstlauf / Stabhochsprung."

LOKALE SPEZIALITÄTEN

Neben den Weltstandards gibt es, je nach Landstrich und Sprachfärbung, ganz eigene Nuancen der Mama-Sprüche. Nicht für jeden verständlich die deutsche Mundart-Mama:

Ich sehs jetzt scho kommet!

Wart ner!

Das kasch em Fährimaa verzelle!

Sag du mir net, ich hät dich net gewarnt!

Ich gleb ich spinn?

Dürf ich ma lach?

Des hät ich dir gleich sach könn!

Das nächst ma frägst mich, dann klappts a!

Dir g'herd d' Zong g'schabt!

I glaub dir brennt d'r Kittel!

Näh ,nä ,nä! Leven Jott, warum bin ich mit suenem widerlijen Bastard bestraft?

Näh, nä, nä. Ich weiß wirklich nit, wat mir bei dir falschjemacht hann.

Un machen keinen Mist, du weißt, dat du immer der bis, den se dafür drankrijen.

Vüülche flööt, ding Zick die kütt!

Wat de Buur niet kennt, dat freeter niet.

Setz dich net uff die kalte Staa, sonst verkältste der die Blas!

Um 12 werd gegesse, ob gekocht is oder net.

Ich wäsch blous woas im Wäschekorb is, gell?

Ich will die Leit kenne, mit dene du fort bist.

A Kind, trink doch dee Karottesaft, des macht schaine, roure Backe.

Magst a Watsch'n, Bürsch'l?

Solang du dei Fies unna mei Disch schrecksch, machsche was Ich dir sahn!

Du maanst gwiss, ich mach des ganze Joar dein Depp´n.

Steh da it dumm rum und dua fidla bora, mach eppes!

Ja, woan a bissl, dann muaßt net so vui biesln.

Euch G'frastern werden wir schon noch zeigen, wo´s lang geht.

Euch werden wir die Wadeln virerichten (die Waden nach vorne richten)!

Gleich wird der Pracker (Teppichklopfer) auf deinem Hintern tanzen!

Gleich regnet's Watschen, Tetschen, Fotzen (österr.: Ohrfeigen)

Mach nicht so a G´sicht, als hätten dir d´Hendeln (Hühner) das Brot wegg'fress'n!

I hau dir oine aufn Riasel nuf, daß dir´d Zäh im Gallop de Hals naklappret!

DIE AUTOREN

Es war im Jahre 1999. Michael Böttger und Sven Häwel, zwei angehende Maschinenbau-Ingenieure auf Abwegen, sitzen in ihrer kleinen Multimedia Agentur und werkeln vor sich hin. „Wippel nicht so mit den Füßen ...". „Hey, so lang du deine Füße unter meinen Schreibtisch stellst ...". Beide schauen sich an. Kurzer Blick, lautes Gelächter. „Kennst du den auch?" „Lego. war Standard bei uns zu Hause." Eine völlig bekloppte Idee war geboren.

Die Welt hatte es von da an schwer mit den Autoren. Das verspätete Zustellen der Post quittierten sie mit einem kopfschüttelnden „Das hätte ich mir mal früher erlauben sollen!", Mitarbeiter wurden mit einem grimmigen „Schlurf nicht so!" begrüßt und beim Mittagessen hoben sie altklug den Finger – „Wasser auf Kirschen verträgt sich nicht."

„Lass uns die Sprüche mal aufschreiben, 25 bis 30 kriegen wir da locker zusammen" ...

Von da an waren sie Abgesandte des Herrn, Verzeihung, der Mama. Sie erwarben ein 10-er Abo beim Coiffeur, pflegten ausgiebig auf dem Marktplatz zu tratschen, besuchten Elternabende sämtlicher Grundschulen im Raum Karlsruhe und luden sich zu Kaffeekränzen rund um den Globus ein – sie hatten schließlich eine Mission! Sven Häwel und Michael Böttger wollten alle Mama-Sprüche dieser Welt sammeln.

Das Internet als weltweite Plattform zur Verbreitung der Mama-Sprüche schien uns gerade groß genug für unser Vorhaben ...

Ihr Ziel war es von dort an, eine Enzyklopädie zu schaffen, die ihresgleichen sucht. Alle mütterlichen Sprüche sollten gefunden, gegliedert, verschlagwortet, rubriziert, digitalisiert und der Welt als komplettes Kompendium zur Verfügung gestellt werden. Ein schier unmögliches Vorhaben, dass weit über 3 Milliarden Dollar kostete und ohne die gütige Mithilfe der UN und einer sehr engen Zusammenarbeit mit den Mormonen und dem amerikanischen CIA nicht möglich gewesen wäre. So entstand über die Jahre hinweg eine einzigartige Sammlung mütterlicher Weisheiten, die auf der wohl wichtigsten Website der Welt www.Mamas-Klassiker.de zu bewundern ist.

Eine geniale Idee dringt an die Öffentlichkeit. Die erste große Website wird auf uns aufmerksam ...

War es Zufall oder ein ausgeklügelter politischer Plan? Die erste größere Website, die auf Mamas Klassiker aufmerksam wurde, war die Website des ORF in Österreich. Nachdem die Alpenrepublikaner ihren Haiderspaß hatten, schwappte die Mama-Euphorie schnell ins traditionell konservative Bundesdeutschland ein. Hier waren Mamas Klassiker Gäste auf den Websites und in den Sendungen und Zeitschriften von YAHOO, WEB.DE, ComputerBild, Radio FFH, Radio Eins, WDR EinsLive, Radio Siegen, Radio NRJ, HR3, Antenne Bayern, com! online, beim WDR und diversen anderen. Mamas Klassiker wurde für den NEO-Award nominiert und unter die Top 500 Websites Deutschlands gewählt. Bemerkenswert ist überdies die Erwähnung bei „Schulen ans Netz e.V.".

Das Internet ist besiegt, es folgt der klassische Buchmarkt

Das hier vorliegende Buch ist eine Weiterentwicklung der Website www.Mamas-Klassiker.de. Die beiden Autoren haben humoreske Geschichten um die ihnen am wichtigst erscheinenden Sprüche niedergeschrieben, die Malfinger unseres hoch talentierten Illustrators in Tusche getaucht und so mit viel Liebe das vorliegende Buch geschaffen. Sollten sie sich an Sprüche, Dialoge oder Kurzgeschichten aus ihrem Leben erinnern, die sich rund um die Beziehung Mama-Kind drehen, so sind sie herzlich eingeladen, diese per E-Mail an die Autoren zu schicken: Webmaster@Mamas-Klassiker.de. Sven Häwel und Michael Böttger sind gespannt auf ihr Feedback.